Tommie Goerz
mit Fotografien von Walther Appelt

TANTE Emma lebt

Zu Besuch
in kleinen fränkischen
Läden

ars vivendi

INHALT

ZU BESUCH BEI
Tante Emma

Tante-Emma-Läden – das sind die kleinen Läden auf dem Land oder in der Stadt, in denen man *alles* bekommt. Das heißt, alles für den täglichen Bedarf. Milch, Waschpulver, Zeitungen, Dosenfisch, Nylonstrümpfe, Reißverschlüsse, Butter, Drachenpapier, Brot und Brötchen, Schulhefte, Schutzumschläge, Obst, Kittelschürzen, Löschblatthefte, Schiefertafeln, Knöpfe, Schnürsenkel, Klobürsten …

Man nennt diese Läden auch »Krämerläden«, früher bezeichnete man sie auch oft als »Kolonialwarenladen«. Bis vor dreißig, vierzig Jahren gab es sie überall, in jedem kleinen Dorf, und in den Städten in jeder zweiten Straße. Diese Läden waren manchmal wirklich sehr klein, ein paar Quadratmeter groß nur. Dort stand eine Frau – eben die »Tante Emma« – hinterm Tresen oder ein Mann im grauen Kittel, der »Krämer«. Wenn man eintrat, bimmelte eine Glocke an der Tür und die Besitzerin oder der Besitzer kam von hinten aus der direkt angrenzenden Wohnküche nach vorn. Manchmal waren diese Läden auch etwas größer, also schon mit zwei, drei Regalreihen, durch die man gehen konnte (dazu gleich mehr), aber eines waren sie immer: sehr persönlich. Man kannte sich und das Dorf oder Viertel, und es wurde über alles geredet. Getratscht. Man konnte, wenn's einmal knapp war, auch ohne Geld einkaufen, dann ließ man anschreiben. Und man konnte auch einmal jenseits der regulären Öffnungszeiten etwas holen, denn die BesitzerInnen lebten ja Tür an Tür mit dem Laden, allenfalls im Stockwerk darüber.

Ich selber habe diese Läden immer geliebt und tue es bis heute, aber ich bin da auch vorbelastet, bei Gericht würde man sagen »befangen«. Eine meiner ersten Erinnerungen an die verzaubernden Welten, die einem diese Läden boten, datiert in den frühen 1960er-Jahren. Es war der wohl kaum sechs Quadratmeter kleine Laden einer Frau

⬆ Manch Wanderer, der auf den Hetzleser Berg will, holt sich hier noch eine Brotzeit: beim »Obern Bäggn« in Effeltrich, S. 92

in Imberg, einem auch heute noch sehr übersichtlichen Ort im Allgäu, wo wir öfters Urlaub machten. Wir wohnten etwa eine Stunde zu Fuß entfernt einsam in einer Hütte, und die Versorgungseinkäufe, für die wir alle zwei, drei Tage in diesen Laden kamen, konnte ich Knirps immer kaum erwarten.

Auch deswegen bin ich vorbelastet: Meine Patin hatte ebenso solch einen Laden voller Buntheit und Verlockungen. Direkt gegenüber der Schule in Buxtehude (kein Witz) verkaufte sie zwar keine Lebensmittel, dafür aber Schulsachen, Bücher, Süßigkeiten, Spielzeug, Wasserfarbmalkästen und alles, was Kinderaugen leuchten ließ. Welche Magie dieser Laden damals auf mich ausübte und welche Verheißungen er versprach, muss ich wohl nicht weiter ausführen. Seither liebe ich diese Läden und habe jeden, den ich per Zufall entdeckte, betreten, habe mit den BetreiberInnen geplaudert und eine Kleinigkeit gekauft – und wenn es nur ein vergilbtes Tütchen längst völlig aromaneutraler Lorbeerblätter war, wie vor vielen Jahren beim alten *Rumpler* in Leutenbach.

⬆ Beim Reichert in Uetzing, S. 42   ⬆ Beim Maisch in Fürth, S. 30

Zentren für alles Mögliche im Ort

Ein sehr schönes Erlebnis mit so einem Laden muss ich außerdem unbedingt loswerden, allerdings von weit außerhalb der Grenzen Frankens. Es war auf einer Radtour durchs Göttinger Land Ende der 1970er-Jahre. Ich betrat in Dramfeld oder Obernjesa, genau weiß ich es nicht mehr, so einen Laden und kaufte eine Kleinigkeit, wahrscheinlich etwas zum Trinken. Um zum Bezahlen die Hände frei zu bekommen, legte ich das Buch, in dem ich gerade las und das ich unter den Arm geklemmt hatte, auf den Tresen. Goethes *Italienische Reise* – und der Ladeninhaber war sofort begeistert. »Sie lesen Goethe? Das ist ja toll!«

Sofort rief er seine Frau, die, wie konnte es anders sein, in der direkt angrenzenden Küche hinten auf dem Sofa saß. Dann erzählten die beiden von ihrer Liebe zu den Klassikern, und dass sie hier im Dorf, organisiert über den Laden, eine Theatergruppe gehabt hatten und Schillers *Die Räuber* gespielt hätten und *Die Jungfrau von Orleans* sowie Lessings *Nathan der Weise*. Hier war der Laden also sogar der kulturelle Mittelpunkt des Ortes gewesen. Sicher die Ausnahme, aber kommunikative Zentren waren die »Tante Emmas« allemal.

Ihre Zahl nimmt ab

Von diesen kleinen Läden aber macht schon seit vielen Jahren einer nach dem anderen zu. Weil die BetreiberInnen immer älter werden, weil sie keine NachfolgerInnen haben, weil die Konkurrenz zu den Supermärkten an den Ortsrändern sie erdrückt. Und weil die Menschen ihre Großeinkäufe heute mit dem Auto machen und einen Parkplatz brauchen, natürlich direkt vor der Tür. Schnell muss es

⬆ Beim »Kaufmann« in Großgarnstadt, S. 154   ⬆ Der Dorfladen in Unsleben, S. 142

gehen, billig soll es sein, und Auswahl will man haben, denn das »eigene« Produkt muss es schon sein unter den fünfzehn verschiedenen Waschmittelsorten, man ist ja so individuell …

Allein von den eingekauften Lebensmitteln werden übrigens – und diese Zahl stammt von der Verbraucherzentrale vom Februar 2020 – in Deutschland im Schnitt 75 Kilogramm weggeschmissen. Pro Kopf, pro Jahr. Billig? Das nur am Rande, ich hab später noch mehr Zahlen.

Emma – ein bedeutungsvoller Name

Zunächst aber zur Historie von »Tante-Emma-Läden«. Die Bezeichnung »Laden« geht zurück bis ins 13. Jahrhundert. Damals hängten die Menschen, die etwas verkaufen wollten, ihren hölzernen Fensterladen aus, legten ihn vor den Fenstern auf Böcke und boten darauf ihre Waren an. Im 15. Jahrhundert setzte sich die Bezeichnung »Laden« für Verkaufsstellen allgemein durch. Der Zusatz »Tante Emma«, so Sprachwissenschaftler, sei erst in der Nachkriegszeit entstanden. Weil diese Läden meist von älteren Frauen betrieben wurden. »Tante« deshalb, so vermutet man, weil mit diesem Begriff in der Kindersprache eine liebevolle, freundliche Frau konnotiert ist. Und »Emma« möglicherweise, weil dieser Vorname früher unter Hausangestellten und Dienstboten weit verbreitet gewesen sein soll. Hab ich alles irgendwann irgendwo im Internet gelesen, weiß aber die Quelle nicht mehr, man mag mir das verzeihen, es klingt jedenfalls plausibel.

Festzuhalten bleibt, dass »Tante-Emma-Laden« schon immer für Kleinräumigkeit, Nähe, Überschaubarkeit und Nachbarschaft steht – und inzwischen natürlich auch für eine Portion Nostalgie.

9

Auch kleine »Supermärkte« sind »Emmas«

Mittlerweile zählt man – und das habe ich für dieses Buch auch getan – die kleinen Supermärkte gemeinhin ebenfalls zu den »Tante-Emma-Läden«. Gemeint sind *wirklich* kleine mit Selbstbedienung. Von ihnen gab es 1950 in Deutschland wohl erst ganze 39 (*planet-wissen.de*); ihr Siegeszug setzte dann ab 1957 richtig ein, bis gegen 1962 die Welle der Discounter aus den USA herüberschwappte und den Markt aufwirbelte. Seit 1970 gingen die Discounter dann auch »auf die grüne Wiese«. Eine bis heute andauernde Entwicklung. So viel im Schnelldurchlauf.

Noch ein paar Fakten. Die Zahl der Geschäfte im Lebensmittel-Einzelhandel hat sich von 1970 bis 2012 (verlässliche aktuellere Zahlen konnte ich leider nicht finden) in Deutschland von über 160 000 auf unter 39 000 verringert, allein in den Jahren 2000 bis 2007 um 37 Prozent, in absoluten Zahlen: um 17 000 Geschäfte auf 28 900. (Das alles kann man nachlesen unter *dorfladen-netzwerk.de/zahlen-und-fakten/*)

Und die Nebenwirkungen: »Die Kilometerzahl für Einkaufsfahrten verdoppelte sich von 1982 bis 2002 von 219 Millionen Kilometer auf 444 Millionen Kilometer – 444 Mio. km am Tag!« (ebd.) Schon 2012 galten aufgrund der Entwicklungen acht Millionen Bundesbürger-Innen, also zehn Prozent aller Deutschen, als »unterversorgt«. Weil Nähe und Nachbarschaft fehlten, man nicht mehr fußläufig einkaufen konnte.

Wo sie fehlen, fehlt die Nahversorgung

Die Ergebnisse dieser Entwicklung kann man im Alltag ganz einfach erkennen. Fährt man übers Land und durch die Dörfer, gähnen einen oftmals leere Schaufenster an – wenn es sie überhaupt noch gibt. Situationen wie die folgende habe ich auf meinen zahllosen Wanderungen durch die Fränkische mehr als nur einmal erlebt, wenn ich auf den Dörfern nach einem Laden fragte: »'nen Apfel wollns doh im Ordd kahfm odera Woschdsemmel? Doh gibds da niggs, doh müssns nüber nach Dings fahrn.«

⬆ Im Dorflädla Köhn in Ahornberg, S. 116

Fünf Kilometer, zehn, fünfzehn oder mehr. Sie sind zu Fuß unterwegs? Pech gehabt. Ohne Auto geht heute nichts mehr. Auf meine Frage »Und wo kaufen Sie ein, wenn Sie einmal alt sind?« erntete ich regelmäßig nur Schulterzucken. Darüber macht man sich keine Gedanken, solang man jung ist – auch nicht darüber, was mit diesen Läden verloren gegangen ist. Denn diese waren in den Dörfern und Städten einstmals eine Institution, ich habe es schon anklingen lassen. Trafen sich die Männer im Wirtshaus, trafen sich die Frauen hier. Man lieferte Informationen ab und nahm die neuesten mit. Diese Läden hatten vielerorts eine immense soziale Funktion – und haben sie dort, wo es sie noch – oder wieder – gibt, bis heute.

Was fehlt, wenn der letzte Laden am Ort schließt, haben inzwischen schon viele am eigenen Leib erfahren müssen. Und in manchen Fällen dann eine Initiative gestartet und einen Dorfladen gegründet, nicht selten von der Gemeinde unterstützt oder als Verein betrieben, aber auch privat, oft im Kollektiv. Diese Dorfläden sind letztlich nichts anderes als die Wiederbelebung der alten »Tante Emma«, und deshalb haben wir, der Fotograf Walther Appelt und ich, exemplarisch auch zwei davon besucht. Allerdings zwei ganz besondere. Sie finden sich mit ihrer Geschichte auf den ➡ S. 142 und ➡ S. 168.

Fragwürdige Konkurrenz Onlinehandel

Es gibt noch eine weitere Entwicklung, die ich nicht unerwähnt lassen will. Weil sie den Handel verändert und ihm massiv zusetzt. Diese Entwicklung ist untrennbar mit dem erst 1994 von einem Herrn namens Bezos gegründeten Unternehmen verbunden, heute längst ein Weltunternehmen. Es fängt mit *a* an, hat in der Mitte ein *maz* und hört mit *on* auf. Es gilt als einer der großen Steuervermeider. Dort einzukaufen bedeutet, dass wir uns mit jeder einzelnen Bestellung selbst schaden. Nicht nur, weil wir dem Handel vor Ort damit zusetzen, sondern vor allem auch, weil die Steuern, die dieses Unternehmen nicht bezahlt, unserem Staat und unserem Gemeinwesen fehlen – und damit uns allen, jedem Einzelnen von uns, jeden Tag.

Die Preise dort sind ja nicht immer niedriger, man bezahlt oft dasselbe wie im »normalen« Handel, der brav seine Steuern entrichtet. Wer bei besagtem Unternehmen ordert, stopft damit nur dem oben genannten Herrn das Geld in den Rachen, der seinen MitarbeiterInnen nicht einmal anständige Löhne bezahlt. Dieser Mann ist übrigens, Stand September 2020, laut *Süddeutsche Zeitung* mit über 179 Milliarden US-Dollar – das sind 179 800 Millionen, eigentlich unvorstellbar – inzwischen der reichste Mann der Welt.

Wir alle haben ihn dazu gemacht. Mit jeder einzelnen Bestellung. Mit unserer Bequemlich- und Gedankenlosigkeit, mit unserer Faulheit und unserem unreflektierten Drang nach der schnellen Bedürfnisbefriedigung. Mit unserer Getriebenheit und unserem latenten Zeitsparwahn. Mal eine halbe Stunde investieren, um eine Schraubzwinge zu

🕯 Bei Familie Schmidtkunz in
Eysölden, S. 66

🕯 Die Dorfgemeinschaft von
Eichenberg, S. 168

↑ Bei Feinkost Höhn in Nürnberg, S.180

kaufen, Holzleim, 'ne Kiste Wein oder ein Buch? No way. Ein Tasten-druck, und das Zeug wird morgen geliefert. Bequemer geht's nicht? Mag sein, aber mit massiven Nebenwirkungen, siehe nur »Steuern«.

Und noch eine weitere unangenehme Nebenwirkung hat der On-linehandel: Laut einer Studie der Hans-Böckler-Stiftung von 2018 (*Study 390*) hat sich der Umsatz des E-Commerce- und Versandhan-dels in Deutschland von 2000 bis 2015 fast verfünfzigfacht, 76 Prozent der Bestellungen werden via Straße transportiert und ausgeliefert. CO_2, Feinstaub und Lärm lassen grüßen. Umweltfreundlicher und ge-sünder ist es ohne Zweifel, zu Fuß oder per Rad den nächsten kleinen Laden zu besuchen, vielleicht auch zu einem kleinen Plausch.

Lebt Tante Emma noch?

Als ich mich zu Beginn 2020 intensiv auf die Suche nach den letzten »Tante-Emma-Läden« in Franken – warum in Franken? Weil ich Franke bin, diesen Landstrich sehr mag und hier viel unterwegs bin – machte, um sie zu besuchen, hatte ich schon die Befürchtung, ich sei zu spät dran. Denn die ersten zwei Auskünfte, die ich bekam, waren:

»Ach wissns, eigentlich wollt ich des Jahr noch machn, aber es hod ja kann Sinn mehr mit die ganzn neu'n Auflagen, des wird ja immer mehr. Ich mach jetzt in fünf, sechs Wochn zu. Wissns, ich bin etz achdersechzig, und ich hab eh bloß nu vormittags drei Stundn offn ghabt, und es wird ja immer wenicher. Die Jungen kaufm mit dem Auto ein, die kummer net zu mir, und die Altn brauchn immer wenicher und werrn ah immer wenicher. Und wissns, irgendwann muss ah Schluss sei.« Das sagte mir die Ladeninhaberin aus dem oberpfälzischen Fuchsmühl am Telefon, ein paar Kilometer jenseits der offiziellen fränkischen Landesgrenze, deren Laden ich gerne mit in dieses Buch aufgenommen hätte.

Ebenso am Telefon erfuhr ich aus Zell im Fichtelgebirge: »Der hat im Oktober zugemacht.« Ich hatte dort im *Gasthof Rotes Roß* angerufen, um zu fragen, ob der kleine Laden ums Eck, in dem mir vor zwei Jahren, als ich auf dem *Fränkischen Gebirgsweg* unterwegs war, ein älterer Herr, stilecht mit grauem Kittel bemantelt, eine Wurstsemmel gemacht hatte, noch offen habe. Und ich musste dafür im *Roten Roß* anrufen, weil der kleine Laden – natürlich – nicht via Internet zu finden war. Nein, auch nicht bei Google.

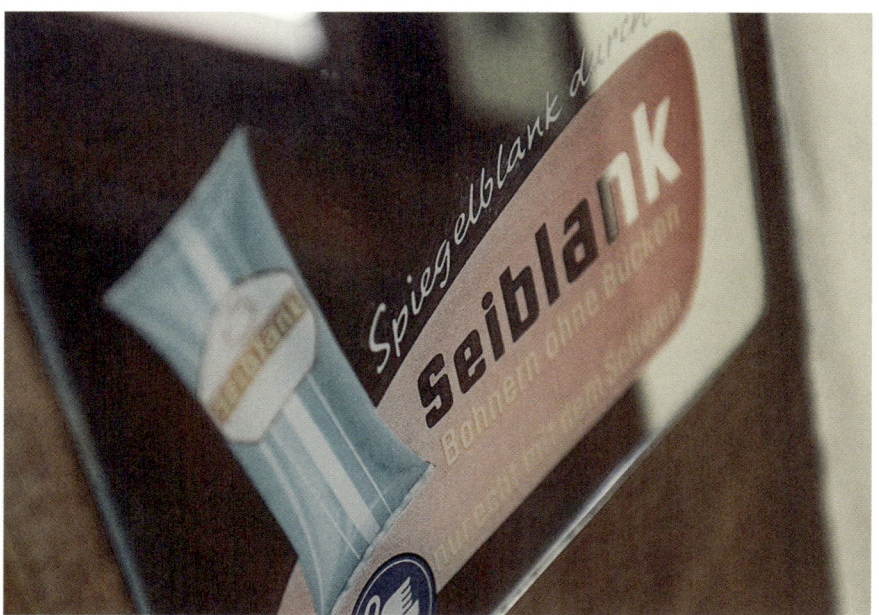

⬆ Bei Emma und Elisabeth Schunk in Engelthal, S. 192

»Tante Emma lebt!« – Dank an die vielen Unterstützer

Die nächsten Läden meiner – im Lauf der Jahre gewachsenen – Liste aber waren »Treffer«, der Umfang reichte dennoch nicht für ein ganzes Buch. Also gab ich, ganz *oldschool*, flächendeckend Annoncen in den in Franken erscheinenden Zeitungen auf. Und bekam etliche Tipps. Ganz lieben Dank an dieser Stelle an Regina und Siegfried Pietsch, die mir den Tipp *Carl* gaben ➡ S. 154, an Renate Hagelauer und Susanne Lang für den Tipp *Höhn* in Nürnberg ➡ S. 180, an Karin Kerschbaum und Harald Heinlein für *Inge Dehn* in Neustadt a. d. Aisch ➡ S. 54, an Berhard Gronbach für *Brigitte Auch*, Oberickelsheim ➡ S. 18, an Dagmar Chlosta und Alex Glößlein für den Tipp *Maisch* in Fürth ➡ S. 30, an meinen Freund »Nase« Paech für den *Reichert* in Uetzing ➡ S. 42 und an Dieter Weberpals für den Tipp zu *Emma Schunk* in Engelthal ➡ S. 192. Teilweise standen diese Läden schon auf meiner Liste, teilweise aber auch nicht. Trotzdem hat mich das Engagement sehr gefreut.

Klasse auch, dass sich die Gießlers von der *Tanke* aus Mäbendorf ➡ S. 78 direkt selbst auf meine Annonce hin gemeldet haben. Den Kontakt zu den Dorfläden *Unsleben* ➡ S. 142 und *Eichenberg* ➡ S. 168

⬆ Bei Brigitte Auch in Oberickelsheim, S. 18

⬆ Bei Gießlers in Mäbendorf, Suhl, S. 78

⬆ Bei Irene Eggers in Sommerhausen, S. 104

⬆ Beim Schmooler in Gräfenberg, S. 130

konnte ich auf einem Bauernladentreff bei der Firma *Igros* in Niederlauer bei Bad Neustadt a. d. Saale knüpfen, zu dem mir Inhaber Johannes Graf ganz unkompliziert den Weg öffnete. *Igros* beliefert zahlreiche Dorfläden im gesamten nordfränkischen Raum.

Sollte ich in dieser Liste – allein meiner Schlamperei geschuldet, aber Sie haben keine Vorstellung davon, wie es auf meinem Schreibtisch aussieht – jemanden vergessen haben, bitte ich die TippgeberInnen, mir das zu verzeihen. Natürlich bekam ich noch ein paar mehr Tipps als die genannten, doch konnten die Läden aus diversen Gründen nicht in dieses Buch aufgenommen werden, sei es, weil sie dem Profil nicht ganz entsprachen, weil die Inhaber typisch fränkisch »mubflerd« reagierten – »nah, des mohchi ned« – oder weil sie zwischenzeitlich schlicht nicht mehr existierten. Die Vielzahl der Reaktionen und Tipps aber hat mir gezeigt: Es gibt in Franken doch noch eine ganze Reihe dieser so liebenswerten »Tante-Emma-Läden«. Und hoffentlich noch lange!

Bleibt mir nur noch, mich bei Fotograf Walther Appelt zu bedanken, der die vielen, teilweise langen Fahrten mit mir auf sich genommen und wieder superschöne Bilder gemacht hat; ein Extradank geht an das gesamte Team des *ars vivendi verlags*, speziell an die Lektorin Magdalena Haid, die das Projekt dort von A bis Z betreut hat, und an die Grafikerin Annalena Weber für die Gestaltung des Buches – so, wie es nun vor Ihnen liegt.

Und damit: viel Freude und Spaß bei Tante Emma!
Ihr Tommie Goerz

Eine Reise ins
Märchenland

Bei Brigitte Auch
in Oberickelsheim

Ich kann's nicht anders sagen: Dieser kleine Laden war der einzige, der mir schon beim ersten Öffnen der leicht quietschenden alten Ladentür die Tränen in die Augen trieb. Weil's hier so roch, wie es früher immer gerochen hat; weil's hier so aussah, wie es immer aussah; weil's hier so bunt war, wie es immer war … und weil ich plötzlich wieder der kleine Junge war, der hier ein Wunderland betrat – ein Land der Träume und Verlockungen, der Sehnsüchte, Wünsche und Versprechungen, der Hoffnungen, Süßigkeiten und der Unerreichbarkeiten.

Wahrscheinlich wird in solchen Läden, wenn man sie als Knirps mit – ob all der hier versammelten Wunder – glänzenden Augen betritt, der Grundstein gelegt für die lebenslang anhaltenden, Welt wie Umwelt zerstörenden Lockungen des Konsums. Und dann erliegt man ihnen. Erst im fortschreitenden Alter und halbwegs zur Vernunft gekommen, gelingt es dann manchen, den sinnlosen, ja widersinnigen Drang zum Konsum argumentativ zu beherrschen und zu unterdrücken. Oder dies zumindest zu versuchen. Ein täglicher Kampf.

Dass mich hier so eine Wunderwelt erwartet, hatte ich schon geahnt, als ich zum ersten Mal vor dem Lädchen von Brigitte Auch stand. Gefunden hatte ich ihn durch den Tipp eines Lesers, der hier einmal in der Nachbarschaft gewohnt hatte. Doch war der Laden bei meinem ersten Besuch leider zu, denn es war Montag – und da und dienstags ist er geschlossen. Die Öffnungszeiten stehen handgeschrieben auf einem Zettelchen an einem Glasfenster der Tür: Montag und Dienstag geschlossen, Mittwoch 8 bis 13 Uhr, Donnerstag 8 bis 18 Uhr, Freitag 11 bis 18 Uhr und Samstag 7 bis 13 Uhr.

◄ »Es war mal einer doh, der had si umgschaud und dann gesochd: ›Is des edds a Museum oder verkaufe Sie doh noch?!‹«

↟ So unscheinbar, dass man leicht daran vorbeigeht

Der Blick in die beiden etwas verstaubten Schaufenster aber versprach schon viel: Nähgarne, Knöpfe, Reißverschlüsse, bunte Kordeln auf vergilbtem Tuch vor knitterigen Vorhängen im einen, Blumentöpfe, ausgeblichene Plastikblumen, ein paar Borten und drei, vier kleine Vasen im anderen. An den Schaufensterrahmen bröckelten Farbe und Kitt, an der Eingangstüre hatte die dickblaue Farbschicht verdiente Altersrisse bekommen. Natürlich versuchte ich einen Blick ins Innere zu werfen, doch war dort nicht viel zu erkennen, es lag im Dunkeln. Und das, was ich erkennen konnte, wirkte eher wie ein etwas unaufgeräumtes Lager. War ich wohl schon zu spät? Der Laden vielleicht schon endgültig geschlossen, wie so viele andere?

Zwei Tage später rief ich bei Brigitte Auch an, der Inhaberin des Ladens, und erwartete die traurige Nachricht, ich sei leider zu spät; zumindest erwartete ich die gebrechliche Stimme einer alten Frau – doch eine erstaunlich klare, feste Stimme empfing mich am Apparat, sie freue sich auf meinen Besuch. Und als ich dann die Woche drauf Frau Auch persönlich kennenlernte, war ich sofort von ihr eingenommen, wenn nicht sogar ein bisschen verliebt in sie.

Das ist wohl auch anderen vor mir schon so ergangen: »Einer

issermoll reikummer, da schauder mich so oh und sachd: ›Ich such a

Frau für mein Obba, Sie wärn di richdiche.‹« Kann ich sofort verstehen. Die Jugendlichkeit dieser schlanken, Feinheit und etwas Edles ausstrahlenden Mittsiebzigerin ist einfach einnehmend. Man fühlt sich sofort wohl bei ihr. Sie ist eine echte Dame.

Doch um sie kennenzulernen, muss man erst mal nach Oberickelsheim. Der Laden war, wie gesagt, ein Tipp eines Lesers meiner Suchanzeige, und ich bin ihm sehr dankbar dafür. Denn ich hätte dieses Kleinod selber im Leben nicht gefunden – ich bin ja sogar daran vorbeigefahren, als ich wegen genau dieses Ladens zum ersten Mal in Oberickelsheim war. Weil er von außen so unscheinbar ist und im Vorbeifahren eher wirkt wie ein ehemaliger Getränkemarkt oder eine längst geschlossene Wirtsstube: Auf dem Ladenschild zur Straße hin steht nur *Kauzen-Bräu* und *Brigitte Auch*, davor ist ein viel zu schmaler Gehsteig an der neu gemachten Bundesstraße 13 von Uffenheim nach Ochsenfurt, auf der die Lkws vorbeidonnern – und damit haben wir das kleine, rund 300 EinwohnerInnen zählende Oberickelsheim auch schon verortet.

Von der Großmutter gegründet

Das Anwesen in der Hauptstraße 12 war früher einmal ein Bauernhof gewesen. »1922 hams die Großeltern gekauft«, den Laden schließlich »had die Großmudder eröffnet, ich weiß zwar ned ganz genau wann, so in de Dreißicher wahrscheinlich«, und dann zeigt Brigitte mir ein altes Kassen- und Buchhaltungsbuch, in dem die Einkäufe von damals handschriftlich verzeichnet sind – die des Ladens, aber auch die Rechnungen des Großvaters, der Elektriker war. Den Laden sollte dann eigentlich Brigitte Auchs Tante übernehmen, also die Schwester ihrer Mutter, das aber klappte aus diversen Gründen nicht, und so übernahm ihn ihre Mutter. Ab dem Zeitpunkt war in der Hauptstraße 13 – der Laden ist direkt daneben – auch eine Schreinerei, denn der Vater war Schreiner. 1944 kam Brigitte in der 12 zur Welt und stand dann von Kindesbeinen an im Laden, weil ihre Mutter oft in der Schreinerei mit anpacken musste. Ab 1958 hat Brigitte hier gelernt.

1966 aber hat sie sich gesagt: »Ich will achemol woanners hin«, und ist nach Würzburg gezogen, »und da habbi ihn kennegelernd.« Sie deutet auf ihren Mann, der in der Tür zum Wohnbereich steht, ein paar Stufen hoch direkt neben dem Tresen. Er hat alles mitangehört

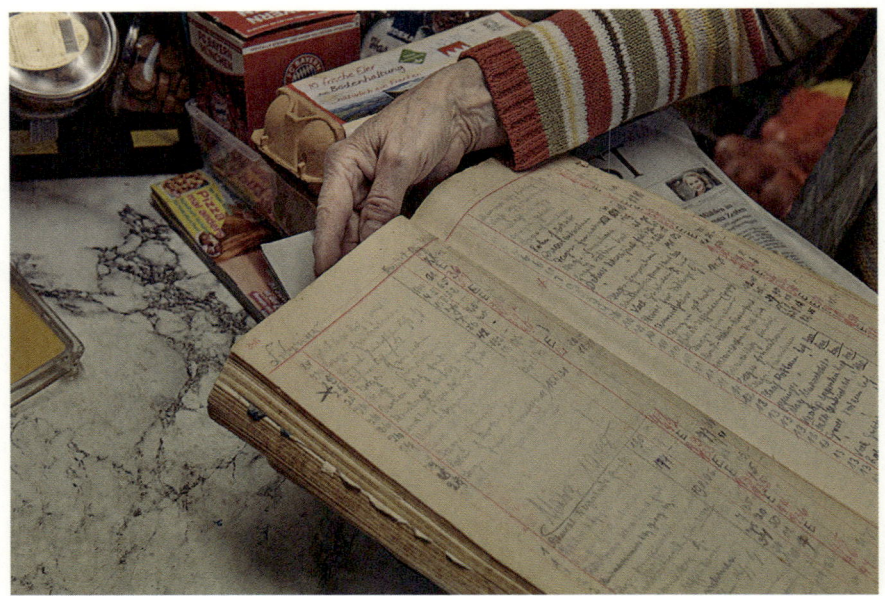

↑ Wer einen Blick in die Buchhaltung von vor neunzig Jahren
werfen möchte – bitte schön!

und lächelt dazu. »Dann Heirohd, dann simmer ja '74 nach Aschaffe-
burch zoche.« Und dann, 1986, wurde Brigittes Mutter schwer krank,
kam ins Krankenhaus und starb kurz darauf. Und der Laden? Sie
wohnte ja mit ihrem Mann in Aschaffenburg, ganze hundert Kilometer entfernt. »Da bin ich dann erschdemol jedn Samsdoch herunner-
gefahrn, und dann hammer gesachd, erschdamol schaun, wies so
läufd, und, na ja, dann had sich des hald so eingeschbild.«

Sechzehn Jahre lang, bis 2002, ist sie erst immer freitags nach
Oberickelsheim gefahren, hat den Laden aufgeschlossen und ist
sonntags wieder heim nach Aschaffenburg, irgendwann kam sie
dann »schon am Donnersdach runder, weil die Lieferung gekomm is,
un dann is mei Mann in Rende, un dann simmer bragdisch widder
hierhergezohchn.« Seitdem ist der Laden wieder an vier Tagen die
Woche geöffnet.

Ob es ihr denn noch Spaß mache, frag ich sie. Sie schaut mich an
und lacht: »Ja, sunsd würd ichs wahrscheinlich nichd machn.« Fränkisch lapidare Antwort, die auch die Banalität der Frage schonungs-
los offenlegt. Und ob denn ihr Mann im Geschäft mithelfe? »Nein, der
sachd: ›Mach zu endlich!‹« Woraufhin ich mich an ihn wende: »Wie

⬆ Was einmal seinen Platz im Regal erobert hat … manches steht
dort schon seit Jahrzehnten und wird auch nicht mehr verkauft

lange lassen Sie denn Ihre Frau noch machen?« – »Wollns mei ehrli-
che Meinung wissn? Ich däd runnergeh undn Schlüssl rumdreh.
Aber … sie wird mir grank dabei. Sie brauchd des, die Anschbrach und
so.« Wie lange sie denn diesen schönen Laden weiterführen wolle,
frage ich schließlich Brigitte selbst. Auch da ist sie ganz realistisch:
»Des kammer ned soch, mer weises ned. Ich soch immer, des kann
morchn scho zu End sei.«

Ein Rundgang durchs vollgestopfte Schlaraffenland, durchs Paradies …

Echten Freunden von alten Tante-Emma-Läden kann ich vor einem
Besuch bei Brigitte Auch nur raten: Nehmt euch Taschentücher mit.
Und stärkt euch vorher, dass es euch nicht schwindelig wird. Denn
dieser Laden ist nicht nur unglaublich, er treibt einem tatsächlich die
Tränen in die Augen. Sicher, keine 15 Kilometer östlich, in Hütten-
heim 145, gibt es ein Tante-Emma-Laden-Museum von Erwin Därr mit
wunderschönen alten Stücken, das auch zu empfehlen ist. Hier aber,
bei Brigitte Auch, ist alles in »live« und zu kaufen. Und es ist voll. 23

»Früher hammer a alde Dame da ghabd, die, wemmer en Samsdoch um viere zugemachd häm, eine Minudde nach viere hads geglobbfd. En ganse Doch niggs zu du ... Aber einmal habberer die Dür vor der Nasn zugemochd.«

⬆ Tommie Goerz: »Um Himmels willen, tun Sie das nicht!«
Brigitte Auch: »Sonsd komm ich doch da ohm ned dran.«

Übervoll, vom Boden bis unter die Decke. Mit allem, was man sich nur vorstellen kann. Man kann fast nicht treten.

Brigitte Auch führt uns, den Fotografen Walther Appelt (dem auch die Augen übergehen und der, durch und durch Trachtenfreak, gleich bei den Schubladen mit den Knöpfen hängenbleibt) und mich durch den Laden. »Schdehd hald alles bissla voll«, entschuldigt sie sich.

Und trotz des großen Angebots scheint sie mit dem Sortiment nicht ganz zufrieden. Früher habe sie mehr Geschirr gehabt, dazu Schulhefte, Nähzeug und auch Wolle. »Aber ich glabb, es leddsde Joahr habbi ka ahndsiche mehr verkaufd.«

Brigitte deutet auf ein Regal knapp unter der Decke, an das sie nur kommt, wenn sie auf einen Schemel steigt – was sie, denke ich mir in Sorge um sie und den Weiterbestand des Ladens, tunlichst nicht sollte. Was sie dann aber mit sicherem Tritt tut. Den Schemel allerdings muss sie zuvor unter Zwiebel- und Kartoffelsäcken hervorholen, er ist komplett eingebaut. »Ich hab da obe noch so gans alde Tees, die senn vo der Omma noch, fuchdsich Joahr ald, dswansich Bfennich schdehd do noch drauf, des senn so Aussdellungsschdügge, wo ich gsachd hab, des lassmer mal do schdeh. Sennesblädder, wer kenndn heud noch an Sennesblädder-Tee. Oder Eibisch.«

26

Es sind vergilbte, alte Packungen, die sie nicht mehr verkauft, die für sie aber in den Laden gehören. Weil sie schon immer da waren.

»Wemmer überlechd, des Rechohl da obe, des wor früher nur mid Dsigarrn voll, ne, heud brauchdmer ka ahnziche mehr.«

Wir wandern weiter in den Nebenraum. Auch hier Regale bis unter die Decke, überall bis oben hinauf voll mit Schachteln, Schächtelchen, Kartons. »Da senn noch die leddsde Schraube so«, zeigt sie auf ein paar kleine graue Kartons, »un do warn die Kuhkedde khängd, un Nächl hammer noch a paar alde und Ofmrohre, des brauchd mer heud alles nimmer, lauder so Überbleibsl noch.«

Wir gehen noch ein paar Schritte weiter. »Doh is a großes Fass gschdandn, doh hammer Bedroleum gebumbd, draußn war früher ja noch e Dankschdelle.« Weiter geht's. »Doh hoddmer es offne Sauergraud ghabd und so, Fisch aus der Dose, Salzhering, ne.«

Hinten hinaus führt eine weitere Tür, ins Getränkelager. Wasser, Limo, Wein und Bier in Kästen hoch gestapelt.

Ob sie bei der Fülle denn überhaupt noch wisse, wo alles steht? Sie nickt und schaut nachdenklich. »Naja, ich dörf ned umschdelln, des is hald mei Broblem.«

⬆ Unglaublich, kein Museum, alles live

Ich mache die Probe aufs Exempel und frage, ob sie vielleicht noch ein altes Löschblattheft habe, denn ich suche schon seit Jahren nach einem, bisher ohne Erfolg. Gibt es nicht mehr. »Da müssde noch eins da sei.« Zielstrebig steuert Brigitte den vorderen Nebenraum an und steigt erneut auf einen Schemel, dass mir wieder schwindelig wird. Dann wühlt sie in Stapeln alter, an den Rändern längst vergilbter Hefte – und zieht tatsächlich eines heraus. Das ich auch sofort kaufe.

Dass ihr Laden nur so überquillt vor Waren und ein reines Wunderland ist, scheint Brigitte selbst nicht so zu sehen: »Ich sohch immer, ich hab edds nimmer so viel …«

Dabei hat sie alles und wahrscheinlich mehr als je zuvor: »Ma muss sich des immer vor Auche hold, wasmer heude brauchd oder wasmer had, un wasmer früher ghabd had, ne. Ich soch immer es Beischbill am Öl. Früher hasd eine Sordde Öl ghabd, hadd kenner danoch gefrachd, heud brauchsd siebe oder achd, dann hasd immer noch ned es richdiche. Des sinn lauder so Sachn.«

Ständig was los

Auch wenn die Stammkundschaft überwiegend nur aus dem kleinen Oberickelsheim und ein, zwei Nachbargemeinden kommt: Es ist ständig etwas los – und kaum Platz für die Kundinnen und Kunden, solange Walther und ich im Laden stehen und die große Fototasche auch noch mitten im Weg ist. Aber es gibt keinen anderen Platz dafür.

Die KundInnen kriegen alles für den täglichen Bedarf, und was nicht da ist, wird bestellt. So kommt die erste Kundin für Brot – das der Bäcker Grammetbauer aus Uffenheim liefert; er hat einen Schlüssel und stellt die Ware in den Laden, »so halb fümfer, fümfe.« – sowie für Kaffee, Äpfel, Eier, Orangen, Klopapier, Quark, Joghurt, Butter; die nächste Kundin kommt für »a Obst und a paar Blümchen, Brezen brauch ich auch«; dann kommt ein Kunde, der schon seit fünfzig Jahren hier einkauft, und holt sich Löwensenf, bestellt ein halbes Pfund Margarine fürs nächste Mal, denn die Pfundpackung, die im Regal steht, ist ihm zu groß; die nächste Kundin kommt für Zigaretten – so geht's in einem zu, der Laden läuft. Und hoffentlich noch sehr, sehr lange … ₽

Eine
INSTITUTION
im Viertel
Beim Maisch
in Fürth

Wer einmal in Nürnberg unterwegs war, in Kneipen, in die der Nürnberger geht, und dann in Fürth, etwa in der Gustavstraße, oder wer einmal beim Club auf der Tribüne war und sich dann im Ronhof ein Spiel der Spielvereinigung angesehen hat, der bekommt einen guten Eindruck vom Charakter der beiden mittelfränkischen Städte. Würde man die Nürnberger zu Fürth befragen, täten sie sagen: »Naja, aweng brovindsiell senns scho, hald dübbisch Wesdvorschdadd.« Und der Fürther, befragt zu Nürnberg? Würde allenfalls mit der Schulter zucken, und gut wär's, Thema erledigt. Alles ned so wichdich und Närmberch scho glei goarned. Sou senns, däi Färdder.

Ein Klischee? Selbstverständlich, und auch ein von Nürnbergern wie Fürthern (und auch -innen) geliebtes und gepflegtes – aber durchaus mit wahrem Kern …

Wer Fürth einmal *im* Kern erleben will, der sollte zum *Maisch* in der Hirschenstraße gehen, gleich bei der *Comödie* ums Eck, sich eine Viertelstunde in den Laden stellen und einfach schauen, was dort so ist und wie's dort so zugeht. Dann kennt er Fürth wirklich. Denn der Maisch *ist* Fürth. Nicht laut, nicht schnell, dafür persönlich, unkompliziert, sympathisch, ungekünstelt, warmherzig, bunt, multikulturell, gemütlich – von allem etwas dabei.

Steht eine alte Frau mit ihrem Einkaufstrolley am Tresen, und Marita Maisch will sie bedienen.

»Des dauerd nu weng bei mir, ich bin heud aweng langsam«, sagt die Frau.

»Ner Zeid lassn, ich mach weil aweng weider.«

»Jo jo.«

Marita (sie stellt sich vor mit »Marridda«, und es wird sich sofort geduzt), die den Laden vor zehn Jahren von ihrem Vater Gottfried Maisch übernommen hat, ist grad ein wenig gestresst. Sagt sie zumindest, anmerken tut man es ihr nicht. Aber der Fahrer ist ausgefallen, sie ist bereits seit halb fünf auf den Beinen, war früh schon auf dem Großmarkt, jetzt ist sie im Laden, um halb eins, wo andere Mittagspause machen, und es geht ans Ausliefern – »ich hasse fahrn, des is es Schlimmsde, was mer mir andun kann«; um drei macht sie den Laden wieder auf, bis abends um sechs, dann ist wieder Ausliefern an der Reihe, danach Büro, Bestellungen, den nächsten Tag vorbereiten, »was hald so zu machn is.«

Vor acht Uhr Feierabend? »Seldn. Ofd bin ich bis neun, halb zehne da.« Samstags hat sie bis dreizehn Uhr geöffnet, und »sonndags maggsde dann Büro, dann gehds scho weng an die Grenze.«

Immerhin: Marita wohnt zumindest im Haus, sie hat es gemeinsam mit ihrem Bruder geerbt, nachdem der Vater gestorben ist. So ist wenigstens der Weg zum Sofa nicht so weit – aber der nach unten zurück in den Laden auch nicht, wenn wieder mal jemand schellt, weil

⬆ »Ihch nehmerd a Schdüggla vo denn dou ...«
Bei dem Angebot fällt die Auswahl gar nicht so leicht

er etwas vergessen hat oder dringend braucht. »Meisd is die Gasdronomie, die hier Schdurm schelld für vier, fümf Kästen Bier oder so.« Ansonsten sei es seltener geworden, dass die Leute jenseits der Öffnungszeiten kommen. »Früher war des schlimmer. Bei der Oma hams früher noch ans Fenster globbfd, und dann is des zum Fensder nausganger, des is heud nemmer so.«

Für unser Gespräch sitzen wir in Maritas »Büro«, einer Ein-Quadratmeter-Nische im Durchgang zwischen Laden und Küche, vollgestopft mit Regalen und Ordnern, Merkzetteln überall und so klein, dass ich mich auf den Abfalleimer mitten im Gang setzen muss und ständig im Weg bin. Mehr als ein Stuhl hat nicht Platz im Büro.

In der Küche hinter uns macht Marita übrigens »des Hausgemachde, also Marmeladn, Besdo und so Kleinigkeiten.« Die kommen dann zum Verkauf ins Regal. Nicht umsonst steht draußen neben »Frischmilch – Käse – Landbrot – Getränke – Lebensmittel – Gemüse« auch »Feinkost« angeschrieben.

⚑ Marita »Marridda« Maisch, seit zehn Jahren die Chefin

⚑ Besondere Spezialitäten: viel Selbergemachtes

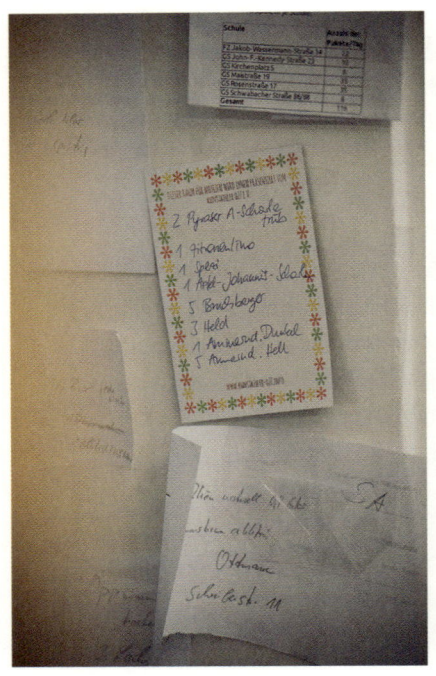

⬆ Organisation ist alles ⬆ Bier braucht's oft schon am Vormittag

100-jähriges Jubiläum – ein Grund zum Feiern!

Marita macht den Laden in der vierten Generation. »Wir werrn dieses Jahr hunderd Jahre alt, ich führ den Laden jetzt in der virdn Generation. Mei Urgroßvadder hat des Ganze angfangen, da war der Laden aber noch kleiner, nur der vordere Bereich.«

Im hinteren, einem angrenzenden Raum, ist jetzt, seit dem Umbau vor zehn Jahren, das Getränkelager untergebracht.

Bis vor dreißig, vierzig Jahren »gabs hier noch alles offen. Marmeladen ausm Eimer, Petroleum hams offen verkauft, auch Semfd und Sauerkraut, selber gschdambfd mit die Füß, Salzhering ausm Fass, Milch, viel Kartoffeln vor allem.« Wie es früher halt so war in einem Krämerladen. »Und dann wurde der Ladn mid der Zeid größer und größer«, berichtet sie – dabei ist er immer noch ziemlich winzig…

Marita macht den Laden aber nicht alleine: Sie hat zwei Hilfen und zusätzlich einen Fahrer – den, der heute gerade ausgefallen ist. Sie selber, 1971 geboren, ist quasi von Kindheit auf im Laden, »ich hab scho immer midgholfn, wolld auch immer den Laden machen.« Ihre Lehre hat sie in einer Metzgerei absolviert, dann ist sie wieder hierher zurück und seitdem ist sie da. »Faul derfsd hald ned sei, und ah ned grang.« Und: »Zehn Jahr mach ich des scho noch, des is der Plan.« Von ihren Töchtern allerdings wolle den Laden keine weiterführen, aber vielleicht ergibt sich ja etwas anderes.

Ich sitze also auf dem Mülleimer – »der is eggsdra massiv, der häld des aus« – und stelle so meine üblichen Fragen, zum Beispiel, ob es das »Anschreiben« noch gebe. Marita: Ja, das Anschreiben gebe es noch, »aber wenich, früher war des wesndlich mehr«, jetzt sei es nicht mehr so häufig, denn das Publikum habe sich gewandelt –, und während sie mir meine Fragen beantwortet, kommt ein Frau herein, nimmt sich eine Flasche Bier, kurzer Blickkontakt, »schreibsders an«, und ist schon wieder draußen. »Die brauchd ihrn Schuss, die muss erschd hochfahrn«, entschuldigt sich Marita fast, da nimmt der Handwerker die Tüte mit seiner Brotzeit vom Tresen und geht, »schreibsders an« – »des war der Maler, der ghörd scho fasd zur Familie«, und die alte Frau mit ihrem Einkaufstrolley schlabbd schließlich zur Tür, »schreibsdes mid auf.« So viel also zum Thema »Anschreiben ist jetzt weniger«.

Aber ein wichtiges Stichwort ist gefallen, und da hak ich noch einmal nach: Das Publikum habe sich gewandelt? Ja, es sind »sehr viel

🔖 Wie viele Artikel im Laden stehen? »Da habbi ned so den Überblick ...«

Neue« dazugekommen, weil alles im Viertel »so schön umbaud wurde, senn sehr viele neue Wohnungen entstandn.«

Die Gentrifizierung hat also auch vor Fürth nicht haltgemacht. Aber die Kunden sind überwiegend »ausm Vürddl und haubdsächlich Schdammkundn«, die aber sind gut durchmischt. Unter den Leuten, die hier ständig kommen und gehen, waren in der kurzen Zeit meiner Anwesenheit bisher die ältere Frau, ein Student (meiner Einschätzung nach), ein Mädel mit Dreadlocks, ein Handwerker, ein Anzugtyp, zwei Kinder, eine weitere ältere Frau. Es sind Leute allen Alters und aller »Schichten«, allerdings: »Die wo sparn müssn, gehn zur Norma, des is eimfach so.«

Alles – und Regionales, Besonderes und gute Qualität

Selbstverständlich gibt es beim *Maisch* Waschpulver, Backpulver, Klobürsten, Schuhbändel, Putzlappen, Bier, Erdnüssle – alles. Und trotzdem hat sich mit der Kundschaft im Lauf der Jahre auch das Sortiment verändert. Heute setzt man beim Maisch zum Beispiel stark auf Regionalität und Qualität. Weil's die Kundschaft verlangt, weil man davon überzeugt ist und »weilmer gsachd ham, middi Breise vom Supermarkt kömmer eh ned midhaldn. Deshalb ham wir hald alles so, was die andern ned ham.«

Was Marita gleich zu einer generellen Nebenbemerkung veranlasst: »Wir ham so viele Fachgeschäfde verlorn in der Stadt, jetzt musst für jede Schraube und jeden Nagel in'n OBI fahrn. Ich find des so schade.« Ja, das ist überall so, und nicht nur in den Städten. Wie viele Artikel sie im Laden habe? »Da habbi ned so den Überblick.«

Bei einem kleinen Rundgang, bei dem wir in der Enge des Ladens ständig der Kundschaft im Weg stehen, erfahre ich eine ganze Menge: »Wir ham umgschdelld, viel auf Regionales, so Biersorddn und fränkische Wurstwaren. Die Hälfte is vo meim Mann.« Und ich erfahre: Maritas Mann ist Metzger und hat seine »Werkstatt« in Dachsbach, »der macht die gansn Gläser, die Salamis und so Gschichdn, des is alles aus seim Kobbf, auch die gräucherden Bratwürste mit Bockbier, Chili, Kümmel …« Von den restlichen Wurstwaren kommen viele aus

☜ Kirchfarrnbach, Dachsbach, Mittelehrenbach:
die Wurst kommt aus der Region

🔖 »Die gansn Gläser, die Salamis und so Gschichdn, des is alles aus seim Kobbf.«

der *Landmetzgerei Emmert* (Kirchfarrnbach), wo der Chef immerhin Fleischsommelier ist; aber es gibt auch Salami mit Whiskey vom *Singer* aus Mittelehrenbach … und, und, und.

»Des Besondere der Wurst is: Die is nur aus Fleisch vom Steigerwälder Bauernschwein, des is fast Bio-Qualität, die haldn die Schweine richtig, füttern auch Bio, haben aber kein Zertifikat, weils den Bauern zu teuer ist. Des is ein Zusammenschluss von so acht, zehn Bauern, is ne tolle Geschichte und sehr gutes Fleisch.«

Und weiter geht's mit Qualität und Besonderem: Die Schinken sind von schwarzen Schweinen aus Franken, »da gibts auch einen Züchter. Käse hammer und selbergmachde Mammeladn, dann Fleischsalad, Eiersalad, Maddsches, Räucherfisch«, auch beim Fisch alles fränkisch, von der Fischräucherei und Lachsmanufaktur *Gottschalk* in Neustadt/Aisch; das Brot kommt vom *Wild* aus der Kaiserstraße, einem der drei letzten Handwerksbäcker in Fürth, und so geht es in einem fort. Das Sauerkraut ist vom *Zametzer*, das holt sie am Großmarkt; und dann kommen wir zu einem Regalbrett, auf dem stehen Gläser mit offenen Nüssen. »Des habbi edds noch net so lang,

🌱 Auch der Unverpackt-Trend zieht ein: »Erschd warns drei Gläser, und aus denen senn edds scho zehn gworrn.«

aber da war a Kundin, die hat gsachd, Mensch, des wär doch schön, und dann hab ich des ausprobiert, und erschd warns drei Gläser, und aus denen senn edds scho zehn gworrn. Die Leud bringen meistens ihre eigenen Gläser mit ...« Auch der Unverpackt-Trend hat also schon Einzug gehalten. »Und ich hab mir überlechd, vielleicht noch so Ballons mit Schnaps zum Abfüllen ...« Die Entwicklung ist also noch lange nicht am Ende.

Der Lieferservice: umfangreich und persönlich

Ob sie denn von diesem Sortiment auch leben kann? Marita lacht und meint, da müsse man unterscheiden. »Der Lieferservice für die Gastronomie geht bis abends, des is meist kurzfristig, die bestellen und wir bringens. Des machd umsatzmäßig zwar viel aus, aber verdiend is im Laden mehr. Aber die Würdde bestelln halt immer gleich dreißig, fünfunddreißig Kästen, da kannst ja keine Fantasiepreise verlangen.«

Dazu kommt noch der Lieferservice für Schulküchen und Kindergärten, manche Schule beliefert *Maisch* schon seit über dreißig Jahren,

zum Teil täglich, zum Teil nur einmal die Woche. »Auch des Schulfruchtprogramm machmer, da beliefern wir einmal die Woche acht Schulen, einen Kindergarten hammer auch noch, der kriegt fast täglich was …«

Und dann gibt's noch die Nachbarschaft. Während Marita mich durch den Laden geführt hat, haben die zwei Mitarbeiter eine Sackkarre bepackt – fünf Bündel Briketts, einen Kasten Saft und Getränke, eine Tüte Obst, Gemüse, Brot – und die Sachen festgezurrt. »Des is fürn Nachbar, der grichd täglich, der brauchd hald auch a Anschbrach.« Auch das gehört zum Tante-Emma-Laden, wie generell der persönliche Kontakt: »Die Leute, die kommen, wolln hald auch blaudern. Und viele kommen, weil sie sahng, dass es persönlich is.«

»Also kriegst du auch immer alles mit, was im Viertel so los ist?«, frage ich sie deshalb eher rhetorisch und denk mir, freilich kriegt sie alles mit, muss ja. Aber da lacht sie nur. »Ich bin immer so die, die wo's als Ledsde erfährt, wall ich ja nie nauskumm. Und die Leud drohng ned alles rei. Und dann haßds immer ›Hä?! Wassd du des ned?‹, wenn widder was Weldbewegendes draußn passiert is.« ℙ

In der
HÖHLE
DES LEBENS
Beim Reichert
in Uetzing

In Franken gibt es einen Landstrich, den nennt man dort völlig schamfrei »Gottesgarten«. Und das zu Recht. Es ist der Abschnitt des Obermaintals von Ebensfeld bis hinauf nach Lichtenfels. Ich werde jetzt aber gar nicht erst versuchen, dieses Stückchen Erde zu beschreiben, es sollte tunlichst jeder selber mal seine Seele dorthin begeben – und auch auf den Staffelberg, der inmitten dieses Gottesgartens steht. Er ist nicht umsonst einer *der* Berge der Franken. Die Querkel sollen einst hier oben gehaust haben, kleine gutwillige Männlein, die in alter Zeit den Menschen nur Gutes getan haben – bis sie von einer geizigen Bäuerin vertrieben wurden. So ist das halt im Leben: Kommt der Geiz, geht das Gute flöten.

Der Staffelberg. Wenn man von dessen Höhen hinunter ins fränkische Land schaut, sieht man auf der einen Seite des Maintals die Türme von Vierzehnheiligen aus dem Wald ragen. Hier – aber das erfährt man nur, wenn man den richtigen, kulturhistorisch entsprechend bewanderten Führer bucht – haben sich früher die Bamberger Bischöfe oft bis zu vierzehn Tage am Stück besinnungslos be- und ins Delirium gesoffen und dazu das sündhaft teure Porzellan, das sie extra für diese Gelage hatten anfertigen lassen, lustvoll zerdeppert – neben all den anderen körperlichen Lüsten, denen sie derart berauscht frönten. Irgendwie so aber erklärt sich, denke ich mir, auch der Name »Vierzehnheiligen«, denn man muss schon eine ganze Menge Drogen zu sich nehmen, damit einem gleich vierzehn »Heilige« halbwegs glaubhaft erscheinen. Bis heute, das aber nur am ketzerischen Rande, kann man im Schatten der Basilika schwarze Kerzen käuflich erwerben, die mit kirchlichem Schutz und Segen vor Blitzschlag bewahren sollen. Das zu glauben, braucht's aber auch a paar Seidla, am besten des *Nothelfer*-Bieres, das auch genau dort oben gebraut wird.

Wendet man seinen Blick vom Staffelberg aus auf die gegenüberliegende Seite des Maintals, sieht man hoch oben am Hang das Kloster Banz thronen. In dieses ehemalige Benediktinerkloster, das sich inzwischen die *Hanns-Seidel-Stiftung* der bayerischen Königspartei CSU unter den Nagel gerissen hat, ziehen sich öfter einmal die Granden dieser Vereinigung samt ihren Wasserträgern zurück, vorgeblich zum Denken, welches so richtig zu beherrschen man eigentlich nur sich selber zuschreibt. So predigt man vom Grundsatz der Benediktiner »Ora et labora et lege« zwar weiterhin das »Ora et labora«, vom Lesen hingegen sähe man bei den Untertanen lieber ab, alldieweil genau dieses sowohl das Denken zu fördern in der Lage sein könnte wie auch das Wissen, und damit – mittat Dominus auxilium! – den kritischen Geist. Den aber sieht man bei den hohen Cs dann doch nicht so gern, drum wurde der Spruch auf »Ora et labora« verkürzt und passend abgerundet. Man mag's in Franken halt gern rund, das zeigen auch die Klöße, die die Querkel den Bauern damals gerne aus dem Topf stibitzten – bis eben jene geizige Bäuerin …

15 m² für alles, was man braucht

Doch genug geblödelt, gefrotzelt und herumgeseitenhiebt. Blickt man von den himmlischen Höhen des Staffelbergs in Richtung Osten und hinunter an den Fuß des Berges, sieht man dort den Döbertgrund liegen. Der heißt so, weil hier die Döberten fließt. Und mitten in den Döbertgrund schmiegt sich malerisch ein kleiner 500-Seelen-Ort: Uetzing. Ein paar Häuschen, ein Kirchturm, erstaunlich viele Nussstatt Obstbäume – weshalb der Döbertgrund auch »Land der Nüsse« heißt –, irgendwo kreischt leise eine Kreissäge, ein Traktor tuckert einen Feldweg entlang, vielleicht muht auch noch eine Kuh aus irgendeinem der letzten Ställe, ein spitzer Kinderfreudenjuchzer fehlt noch … Man will in jedem Fall sofort hinunter in den Gottesgarten. Was auch dringlichst angeraten ist. Denn wer hinunter in den Döbertgrund nach Uetzing kommt, und dann noch ein paar weitere Stufen hinabsteigt, landet direkt in der »Höhle des Lebens«, anders kann man den kleinen Laden der Reicherts dort nicht nennen.

↑ Nur fünfzehn Quadratmeter klein, aber ein Sitzplatz muss sein

Die Geschichte dieses Ladens begann für die Familie Reichert 1978 mit einem Unglück. »Der Vadder is '78 verunglüggd, mit ahnervürdsich Joahr«, erzählt der heutige Ladenbesitzer und -betreiber Manfred Reichert, und seine Mutter, damals 39 Jahre alt, erläutert: »Die Kinner worn noch glah, und da hobbi des do angafangd, mir ham ja a Geld gabrauchd.«

So hat sie den Laden hier in Uetzing, der zu jener Zeit leer stand, eröffnet – zusätzlich zu einem in Lichtenfels, den sie vorher schon betrieben hatte und bis 2019 über fünfzig Jahre lang führte. »Also mir ham fuchzich Johr an Lodn in Lichdnfels gahobd, barallel zu demm, und denn machmer edds a scho mindesdns väazich Johr.«

Die Mutter hatte also zwei Läden – und hat quasi nebenbei »seggs Kinner aufgadsohng. Also drei Kinner wohrn scho dou und drei senn nu kummer währnd der Lodnzeid. Wie des ganger is, waß ich ah ned so genau«, erläutert Manfred und meint natürlich, wie seine Mutter die viele Arbeit mit zwei Läden und sechs Kindern geschafft hat. Obwohl: »Na, mir ham die zwa Omas dann nu do gahobd im Haus …«

Aber gearbeitet wurde schon immer sehr viel bei den Reicherts, und wird es auch heute noch, dazu muss man sich nur die Ladenöffnungszeiten ansehen: Montag bis Samstag 6 bis 20 Uhr, Sonntag 14 bis

20 Uhr. Kein Ruhetag. Der Laden ist dabei eigentlich nur ein kleiner Raum, halb im Keller gelegen, man muss zu ihm hinabsteigen. Er ist gerade einmal fünfzehn Quadratmeter groß.

»Manchmoll schdenner die Leud bis nauf auf die Schdrass«, sagt Manfred. Weil mehr als vier, fünf Leute gar nicht hineinpassen. In diesem bis unter die niedrige Decke vollgepackten Raum gibt es alles, was man im Alltag brauchen kann, wie ein schneller Rundumblick zeigt: Kaffee, Konserven, Zwieback, Chips, Fisch, Mayonnaise, Zigaretten, Essig, Wein, Säfte, Brot, Waschmittel, Tempotücher, Klopapier, Nudeln, Schnaps, Fertigsuppen, Kaugummis, Bonbons, Schokoriegel, Zeitungen, Zeitschriften … Alles da und noch viel mehr. »Edds hammer do aweng Glohbabier und Reinigungsmiddl, Zeidunger un Lemsmiddl«, erläutert Manfred, der den Laden 2012 von seiner Mutter übernommen hat. Wie viele Artikel er insgesamt führt? »Keine Ahnung.«

Spezialität Nr. 1: Geräuchertes und Dosen

Was sofort auffällt: Hier riecht es kaum nach Krämerladen und den tausend Sachen, die in den Regalen stehen, sondern, unweigerlich speichelflussfördernd, nach Räucherkammer – was an der ersten der Spezialitäten dieses Tante-Emma-Ladens liegt: Schinken und Wurstspezialitäten in Dosen. »Des machmer scho immer, scho seid fuchdsich Joahr.« Als dann der Vater starb, war der älteste Bruder gerade 18 und mit seiner Metzgerlehre fertig. Der ist dann zwar zur Post gegangen zum Arbeiten, »aber had do aweng die Woschd gamochd.« Als dann die Oma mit 82 Jahren starb und damit eine wichtige Kraft, hat's geheißen: »Der Manfred machd edds Meddsger.« Also hat er, wie sein Bruder, ebenfalls den Metzgerberuf erlernt, ist danach aber auch erst mal zwanzig Jahre »auf die Ärberd ganger und had des nebmbei gamochd.« Nachtschicht bei der Post. Erst seit fünf Jahren ist er selbstständig. »Ich hab mich fümf Johr beurlaub lass ohne Bezühch, und edds mussdi kündich.«

Warum? »Ich mach des Johr väazichdausnd Dosn« – mit Wirsing, Leberknödelsuppe und Rahmgeschnetzeltem, mit Rauchfleisch, Leberwurst und Leberkäse, mit rotem Presssack, weißem Presssack,

⬆ Vegetarier müssen hier ganz stark sein

Sauerbraten, Gulasch, Bratwurst, Frühstückswurst und Schweine-
fleisch, mit Saurem Fleck (Kutteln), Saurer Lunge und Herz, mit
Sauce bolognese und seit Neuestem auch mit Chili con Carne, »des
hobbi edds erschdamol brobierd, des is edds erschdamol für uns.«

Manfred verarbeitet für diese Dosen, die es natürlich auch im Laden zu kaufen gibt, sechs Schweine jede Woche – »in der Woschd-
schduhm«, Tür an Tür mit dem Laden, »da machmer die Woschd.«

Und dann macht er noch geräucherten Schweineschinken und
Zwetschgerbaames, deshalb riecht es auch so nach Räucherkammer –
weil das Geräucherte (natürlich) hinterm Tresen hängt.

Spezialität Nr. 2: das Metzgerbräu

Weil Manfred mit dem Laden, den Dosen und dem Schinken noch
nicht genug zu tun hat, braut er seit fünfzehn Jahren auch noch Bier.
»Des gansa Bierzeuch is aus am Hobby rausganger.« Er hatte sich
schlicht ein Buch gekauft, in dem das Bierbrauen beschrieben wurde.
»Mid mein Schwocher hammer do im Woschdkessl en erschdn Sud
gamachd, abgaläuderd hammer durch a Gardina.«

Was also als Hobby und Spinnerei begann – »am Anfang binni ah belächld worrn mid demm Bier« –, hat sich dann aber sehr schnell entwickelt, weil das Bier gut ankam: Allein bis 2011 hat Manfred 250 Hektoliter gebraut. Im Wurstkessel. 2012 wurde dann endlich eine Brauereianlage installiert, »un edds machmer ball hunnerdzeahdausnd Lidder Bier im Joahr, elfhunnerdfuchzich Heggdolidder.« Das sind drei Sude pro Woche. »Des Bier lagert dann so seggs, siehm, achd Wochn, wall es is ja unfildriert, ner lohchersd si die Hefm ab, dann wird ausgaschengd« – beziehungsweise flaschenweise verkauft, dabei ausschließlich in Literflaschen. Tausend Flaschen füllt Manfred jede Woche ab. Es gibt nur eine Sorte, nämlich Lager, das ab fünfzehn Litern auch im Fass erhältlich ist. »Und wenn ahner a zehner will, dann kanner a fuchzehner ah kahfm.«

Inzwischen hat Manfred einen Angestellten für die Brauerei, und um die Öffnungszeiten bewältigen zu können, sind sie im gesamten Krämerladen inzwischen zu zwölft am Start. Im Schichtdienst.

⬆ Gebraut wird eine Sorte Bier, die gibt's in Literflaschen und im Fass

← ⬆ Zum Räuchern »tui edds immer weng Zwetschgenspähn mid nei«

⬆ Geschnitzte Wanderstöcke? – »Ach, des wor sora Alder, der hod die immer gabrochd, aber der lebbd nimmer. Wenn die wech senn, dann is Schluss.«

Spezialität Nr. 3: der Zwetschgerbaames

Der Zwetschgerbaames ist eine fränkische Spezialität: ein magerer, luftgetrockneter und langsam geräucherter Rinderschinken. Seinen Namen hat er, weil Farbe und Maserung dem rötlichen Zwetschgenholz ähneln – und nicht, weil er mit Zwetschgenholz geräuchert wird, wie selbst auf scheinbar gut informierten Gourmetseiten vielfach fälschlich zu lesen ist. Nein, er wird traditionell mit Buchenholz geräuchert. Aber, anders bei Manfred Reichert: »Da tui edds immer weng Zwetschgenspähn mid nei, wall die Leud mahner immer, der Zwetschgerbaames werd mit Zwetschgenholz garäucherd, ober der hod den Nohmer ›Zwetschgerbaames‹, des kummd do dervo, walls aussiehd wie a Zwetschgen. Und da binni edds auf die Idee kummer, wall es gibt ja ka Zwetschgenräucherschbäne, edds hobbi vom Nachberdoff, do hod ahner zwansich, dreißich Zwetschgenbäum weg, und die hammer zu Hackschniddsl mach loss, des is ah lohcherfähig, und dann mischi immer weng was mid nei.«

51

↑ Das neue Sudhaus unterm Dach
← Volle Breitseite oberfränkischer Charme: der Reichert
von der Straße aus gesehen

Der Laden bleibt so, wie er ist

»Mir ham am Dach so zwischer zwahunnerdfuchzich und dreihunnerd Leud«, sagt Manfred, »die lahfm do runder, kahfn do ei, dringn nu a Bier.« Ob er denn dann plane, den Laden irgendwann einmal zu vergrößern?

Nein, auf keinen Fall. Auch die Biermenge werde er nicht erhöhen, genauso die Dosen- und Geräuchertes-Produktion. Es ist genug, auch genug Arbeit. »Un wenn die Leud bis nauf die Drebbm schdenn, noch schdenners hald.« Die Biertrinker regen sich im Sommer dann zwar manchmal auf, dass sie auf ihr Bier warten müssen, »obber es gedd hald ned andersch.«

Übernachten kann man inzwischen übrigens auch bei ihm: Unterm Dach bietet er zwei Zimmer an, ab zwei Nächten mit Frühstück für 35 Euro pro Person. »Des wird ah gans guhd anganommer.« So kann man hier im Gottesgarten in Ruhe und ohne Reue auch mal das eine oder andere Bier mehr genießen, draußen auf dem Bänkchen vor dem Laden oder oben unterm Dach. 🍺

Eine Heimat für die Seele
bei
INGE & HANS DEHN
in Neustadt / Aisch

Wem hier das Herz nicht aufgeht, der hat keins in der Brust: ein kleines Schaufenster, die alte Eingangstür mit geschliffenem Glas – »Die wolldns uns rausmachen, wiemer umbaut ham« –, ein kleines Schaufenster ... und dahinter die ganze Welt. Auf dreißig Quadratmetern. Sowie: Inge und Johann »Hans« Dehn. Der kleine Laden der beiden befindet sich mitten in der Altstadt von Neustadt an der Aisch, in Sichtweite zum Nürnberger Tor, umgeben von historischer Bausubstanz. Und der erste Gedanke ist: So muss ein Tante-Emma-Laden sein. Ein kleiner Verkaufsraum, alles bunt und vollgepackt bis unter die Decke, hinterm Tresen die Türe in die Stube – in eine Stube, in der auch mal Kinder aus der Nachbarschaft ihre Hausaufgaben machen. »Ich hab ofd scho welche dohghabbd zum Hausaufgohm machn, wenn die Eldern ka Zeid ghabbd hom oder es hod hindn und vorrn nemmer gschdimmd ...«

Überhaupt die Kinder. Sie haben es Inge Dehn (73), die eigentlich den Laden führt, angetan. »Des senn ja manche, die kummer scho mid fümfer, seggser, dann so bis sechdseah, sibbdseah, dann siggsders a Weil lang nemmer, und dann kummers widder mid die eignen Kinner. Des is schö.« Im Lauf der Zeit hat sie schon etliche Generationen heranwachsen sehen.

Laden schon in der dritten Generation

Johann »Hans« Dehn (74) führt uns kurz in die Geschichte des Ladens und des Hauses ein: »Des Gschäfd gibds seid ... nochm Erschdn

◄ Die Gutmütigkeit in Person und von den Kindern geliebt:
Inge Dehn in ihrem Laden

⬆ Nur wenige Meter unterhalb vom Nürnberger Tor ...
➡ ... waren früher eine Melberei und hintendran ein Stall;
heute leuchten hier (nicht nur) die Kinderaugen

Weldgriech.« **Das genaue Gründungsjahr?** »Müssdmer nochschauer, des däd mer scho rausgriehng«, **die Info ist mir dann aber gar nicht so wichtig.** »Ohgfangd ham die Großeldern als sogenannde Melber, des senn Mehlhändler, der Großvadder wor ja glernder Müller.« **Dieser hat das Haus gekauft und ursprünglich eine Mehlhandlung geführt.**

Das Haus, circa zehn Meter breit und zwanzig in die Tiefe, das die Dehns 1990 umgebaut und sorgsam renoviert haben, war früher ein sogenanntes Ackerbürgerhaus, heißt: Vorne waren Laden und Wohnhaus, hinten ein Stall, und draußen bewirtschaftete man etwas Land. Die Großeltern hatten noch einen kleinen Bauernhof, »so wie hald in Frangn üblich, so fuchdseah Dohchwerg, dann hamms zwah Küh ghabd und a boar Säu, die hamms hald im Winder gschlachd, ham Endn ghabd und Hühner, ah fuchdsich Druhdhähn so mibm Bauernhof, die hamms jeds Joahr doh ghabbd und die senn im Winder verkaffd worrn.« **Und dann lacht Hans.** »Also Gassli hamms ned ghabd, su waid worns ned undn.« – Ziegen waren damals das Vieh der armen Leute. Und zusätzlich wurde noch Hopfen angebaut, Neustadt war bis in die 1930er-Jahre hinein ein bedeutendes Hopfenanbaugebiet.

⬆ Keine Selbstbedienung: Hier steht man noch am Tresen
und wird von Inge Dehn bedient

Das Haus der Dehns ist »ahns vo die aldn Häuser in Neustadt«,
unter dem Haus befindet sich ein riesiger Gewölbekeller, und »so war
des bei die Ackerbürger, in dem Haus is ja auch a Baggohfm drin gwe-
sen, so mid die altdeutschen Kamine, die wo an Querschnidd ghabbd
ham, do had der Schlohdfehcher nu durchlahfm könner, und wos
obm dann es Graicherde neighängd hom.« Dieser Kamin wurde beim
Umbau verkleinert und wird für Heizungsrohre, Versorgung etc. genutzt, das Fachwerk des Hauses wurde außerdem wieder freigelegt.
Mitten durchs Gebäude läuft ein zwanzig Meter langer Eichenstütz-
balken, dreißig mal vierzig Zentimeter im Querschnitt. »Solche Bäum
gibds heud gornemmer.«

Inge Dehn schaut mich an. »Der Hausumbau wor mei Lebens-
inhald«, nickt sie, und ihre feuerroten Haare fliegen. (Irgendwie erinnert sie mich mit ihrer Frisur an Pumuckl.) Während des gesamten
Umbaus hatte sie den Laden – den sie alleine »schmiss« – durchgehend geöffnet und auch noch »ofd den Handwergern was zum Essen

gmachd. Des wor a hardde Dseid, ohber ah schö.« Und dann lacht sie. »Also langweili werdds mer doh ned!« Hans hatte während des Umbaus noch beim *Schaeffler* in Höchstadt gearbeitet, dort war er zuständig für die Messtechnik. Erst seit zehn Jahren, seit er in Rente ist, macht er im Laden mit.

Inge selber hat den Laden nach der Hochzeit mit Hans von dessen Großeltern übernommen, denn weder Hans selber noch Vater oder Schwester hatten daran Interesse. Damals wohnte Hans' Familie in Fürth, wo der Vater als Bankkaufmann arbeitete.

An seine Kindheit in Fürth hat Hans noch schöne Erinnerungen: »Mei Vadder hod bei der Schbillvereinichung gschbilld, also ned in der Erschdn. Und ich waaß nu, wie doh die Drebberli wohrn« (zum Verständnis: die alten »Tribünen« waren Erdwälle mit Stufen), »so unbefesdichd, do worsd im Schlamm drin gschdandn. Doh worn immer die aldn orichinohl Färdder Fäns, die homm immer gschimbfd, doh hosd schbilln könner, wiesd gwolld hosd, die homm des immer besser könnd.«

⚑ Dass die Dehns die Kinder lieben, sieht man überall

↟ ← Hier ist die Welt schön süß und bunt, und Süßigkeiten
gibt's noch für »a Zehnerla«

Inges riesengroßes Herz für Kinder

Inge selbst kommt aus Schellert, einem – zu ihrer Kindheit noch –
kleinen Ort vier Kilometer vor den Toren von Neustadt, der 1972 ein-
gemeindet wurde. Was ihr am meisten Spaß macht? »Der Umgang
mid die Leud. Und mid die Kinner.« Prompt kommen auch zwei Stöp-
sel rein, die Augen reichen gerade so über den Tresen, und kaufen
Süßigkeiten. Lakritze einzeln, Bonbon einzeln, Fruchtgummis einzeln,
zwei von diesen, drei von denen, eingepackt in kleine dreieckige
Papiertütchen. Die Rechnung des einen: 45 Cent. Die Rechnung des
anderen: 10 Cent.

Zu den Kindern generell muss sie unbedingt etwas loswerden: »Es
sind ja jetzt viele ausm Osten da, Russen, Ungarn, Rumänen. Und die
senn sehr höflich, Bitte, Danke, sprechen massd besser Deutsch, also
Hochdeutsch, die lernen gut, die kannst noch so richdich erziehng.
Aber des wissn ja die massdn ned.«

Man merkt, Inge liebt »ihre« Kinder. Und sie lacht schon wieder:
»Es ahndsiche is, ma muss si hald manchmoll aweng bremsn, walls
hald vill lebhafder senn, laud hall, die hörsd ofd schon vo drohm, vom

Närmbercher Dohr runder, wenns kummer.« Und, ergänzt Hans: »Die senn ja massdns ah braggdisch indelligender, die rechner mihd und so, des gfälldmer. Und denner konnsd ah nu wos beibringer.«

Inge Dehn kennt von jedem Kind den Geburtstag, und jedes kriegt dann auch etwas, und Weihnachten bastelt sie einen Adventskalender mit Säckchen für jeden Tag, die dürfen die Kinder dann abschneiden.

Und wenn, was hin und wieder auch mal vorkommt, eines der Kinder vorlaut ist und versucht, etwas zu »zwicken«, »dann sohchi denni: Wer doh was glaud, der griechd doh niggs mehr zum Geboddsdohch. Und ah an Weihnachdn is dann für denn ka Säggla am Advendskalender. Und des funktionierd!«

Wir stehen noch immer im kleinen Laden und plaudern, hin und wieder kommt eine Kundin oder ein Kunde, kauft etwas, wechselt ein paar Worte mit den Dehns und geht wieder. Es sind eher die Kleinigkeiten, die hier gekauft werden. Ein junger Mann holt sich Zigaretten, ein weiterer braucht Klopapier, eine Nachbarin kauft eine Flasche Öl, dann sind wir wieder allein.

Wir kommen von den Kindern auf die Erwachsenen und darauf, was sich da geändert hat: »Des mid die Jähchermasder, des hod nochglassn. Mir hamm nemmer die, die grundsäddslich nur Algohol kahfm. Grohd den Jähchermasder, den hammer vor Jahren, um Gottes willn, massich brauchd, aber des hod edds nochglassn. Der hardde Kern is wechgschdorm, die ehm denn Jähchermasder brauchd hohm, un ned bloß ahn. Oder zwah Flaschn Silvaner oder drei. ›Schreibsd amoll an‹, hamms immer gsachd, dehne hod es Geld ned bis zum Fümfdn glangd. Und dann senns dir Knall auf Fall wechgschdorm, und ihch schdand dann mibm Dseddl doh …«

Seitdem gibt es auch kein Anschreiben mehr für Alkohol – mit Ausnahmen: »Wennermoll ahner ned so gans bei Kasse ist, ner gehd des scho.« Anschreiben gibt es also nur für »Handverlesene«, die aus irgendeinem Grund einen Engpass haben.

Was ihr Geheimnis ist?
Man muss zuhören können

Inge Dehn erzählt: »Von der Dseidung« (gemeint ist die *Fränkische Landeszeitung*, das Druckhaus steht nur ein paar Häuser weiter) »doh

drohm, der Scheff, der lebbd ah nemmer, den sei Frah issermoll kummer und hod gfrohchd, ›Fra Dehn, wos machn denn sie mid dem? Der wenn zwah Dohch ned bei Ihne wor, dann isser unausschdeh-lich.‹ – ›Dsuhhorrng‹, hobbi gsochd, ›dsuhhorrng.‹« **Und sie erläutert:** »Denn seitdem der drohm niggs mehr zum Sohng hod, des woar ja der Seniorscheff, lehrder si bei mir aus.«

Inge Dehn sinniert kurz über das vorher Gesagte. »Ja, es senn vill, die wo wos loswerrn wolln oder die wo wos drüggd. Dann mussmer dsuhhorrng unnerweng dröhsdn, ner gehds widder. Und manchmoll hoggmersi ah hindn nei zum Redn. Und wenns dann widder naus-genger, is ihner leichder.«

Und dann fügt sie noch an: »Wenn ahns allahns is, ner mussmer si mehr drum kümmern, ner rufd mer moll oh oder gehdmermoll hie … Und es is so schö, wenns nern dann widder guhd gehd und sie kummer.« So ist das bei der Inge Dehn.

⬆ Für Kinderhände nicht erreichbar stehen
die »Süßigkeiten« für die Großen

»Doh kummd ahner
und sachd: ›Ihch muss
die Kasse brühfm.‹
Und dann schauder in
die Kasse nei und sichd
des ganse Glahgeld und sochd
dann, ›doh dringi lieber
an Kaffee‹, und dann wor des
Dehma erledichd.«

⬆ »Wos braungmer alles für morng?«
Hans Dehn macht seinen Einkaufszettel

Großzügiges Angebot,
auch bei den Öffnungszeiten

Mindestens zweimal die Woche fährt Hans zur *Metro* nach Nürnberg.
Er kauft alles im Großhandel selber, »doh konnsd ah verhandln, des
glabbd immer kahner, ober des gehd.«

Weniger als 200 Posten hat er bei diesen Fahrten nie auf seiner
Liste, kein Wunder bei geschätzt 4000 verschiedenen Artikeln im
Laden. Und auch sonst macht er viel: »Ihch schberr hald früh um halber siehmer en Lohdn auf, wall doh kummer die erschdn Kinner,
danach die erschdn Berufsdähdichn.« So geht es die ganze Woche,
geöffnet haben die Dehns täglich von 6.30 Uhr bis 19 Uhr, samstags
bis 16 Uhr, sonntags ist geschlossen. »Doh hammer weng mehra Frei-
dseid.« Ob sie noch lange weitermachen?

Ganz klares »JA!« ℙ

GEGEN DEN STROM

in Eysölden

Mit welcher Berechtigung bitte, wird mancher – und erst mal nicht zu Unrecht – fragen, taucht dieser Betrieb in einem Buch über »kleine fränkische Läden« auf? Ein Laden, in dem zehn Damen arbeiten, davon eine Vollzeit, der Rest in Teilzeit? Wo in der angeschlossenen Backstube ganze elf Personen von früh um zwei Uhr an Tag für Tag Teige anrühren und kneten, einen fast dreißig Jahre alten Sauerteig hegen und pflegen und alle möglichen Backwaren produzieren?

Deshalb: weil dieser Laden ein Anachronismus ist; weil man hier alles »falsch« macht – und damit auf erfrischende Weise richtig; und weil man sich hier nicht vom Wahnsinn der Zeit mit ihrem ewigen Wachstumszwang treiben lässt. Und damit sind wir schon mittendrin. Ich sitze mit Senior Kurt Schmidtkunz, geboren 1949, seiner Frau Margarethe, »ich bin die Marga«, und Juniorchef Holger, Bäcker- und Konditormeister, im Wohnzimmer des Seniors und plaudere über den Laden, die Bäckerei und die Zeiten. Später kommt noch Juniorchefin Birgit dazu.

Wir befinden uns tief im Süden Mittelfrankens, am Nordrand des Naturparks Altmühltal, auf halbem Weg zwischen Hilpoltstein und Thalmässing, genauer: im 800-Seelen-Dorf Eysölden an der Kleinen Roth, einem nur knapp 24 Kilometer langen Flüsschen, das sich irgendwann in die Rednitz ergießt. Hier ist die Landschaft weit, offen und hell. Sie wellt sich behäbig, könnte man sagen, wie das breite, gemütliche Fränkisch, das man hier spricht.

Vor hundert Jahren, 1920, beschloss hier der Kleinbauer Michael Schmidtkunz, einen Kolonialwarenladen mit Bäckerei zu eröffnen –

◄ Die 100-Jahre-Feier fiel 2020 leider Corona zum Opfer – schade, aber dann wird hier halt in 25 Jahren gefeiert

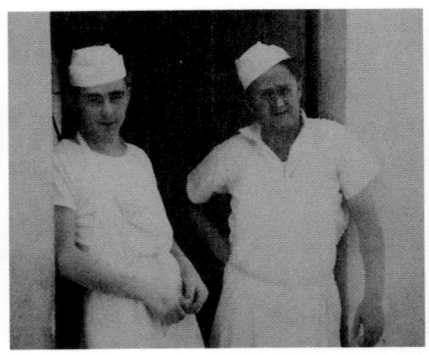

⬆ Für Holger Schmidtkunz stand der Berufswunsch schon als Kind fest ...

⬆ ... fünfzehn Jahre später mischte er bereits richtig mit ...

als damals fünften Laden am Ort. Er räumte den kleinen Schweinestall im Haus aus, zu der Zeit lebten Vieh und Mensch noch gemeinsam unter einem Dach, und los ging's. Irgendwann übernahm sein Sohn, ebenfalls ein Michael, den Betrieb, auf den dann dessen Sohn Kurt folgte, der jetzt mit mir am Tisch sitzt.

Ob er den Betrieb gerne übernommen habe? Da huscht ihm ein Grinser übers Gesicht. »Da ismer braggdisch aweng vergewaldichd worrn.« Und er erzählt, dass er mit seinem Opa, Michael I., als Kind noch mit Pferd und Wagen das Brot in die umliegenden Dörfer ausgeliefert habe. »Des muss gwehn sein«, erinnert er sich, »in die Fuchdsgerjoar noch, und im Winder midd am Schliddn.«

In den 1950er-Jahren dann gab man auch die Landwirtschaft – »mid Sai, a boar Käi, a Bferd hodder ghabbd und er boar Ägger« – auf und konzentrierte sich voll auf Krämerladen und die Bäckerei. Ab da war Schluss mit Kartoffel- und Getreideanbau. Als Michael II. dann 1976 im Alter von nur 48 Jahren wegen eines Schlaganfalls nicht mehr arbeiten konnte – er lebte noch bis 1980 –, musste Kurt ran, damals 27 und gerade mitten in der Meisterausbildung. Die Zeiten waren hart, man hatte gerade das alte Haus abgerissen, das neue erbaut und war 1974 umgezogen. Wenn sich damals nicht Kurts Onkel Fritz, Bürger- und Bäckermeister, oft in der Früh in die Backstube gestellt und der jungen Familie geholfen hätte, gäbe es die *Bäckerei Schmidtkunz* heute vielleicht nicht mehr. Und damit nicht mehr diesen besonderen »Tante-Emma-Laden«, der seither erfolgreich gegen den Strom der Zeit schwimmt. Oder bäckt.

Klein – bei über zwanzig Beschäftigten?

Der Laden samt Bäckerei lebte im Dorf so vor sich hin. Sohn Holger, der heutige Chef, lernte in der Bäckerei *Schneller* in Eichstädt das Bäckerhandwerk, das des Konditors bei *Witte* in Neumarkt, ging für vier Monate zu einem deutschen Bäcker nach Florida, legte dann eine herausragende Meisterprüfung ab und stieg 2005 ins Geschäft ein. 2008 übernahm er den Betrieb komplett. Und erweiterte die Backstube.

»Ich wolld eigendlich nur vergrößern, dassmer mehr Bladds ham und es schönner ham.« Wachstum war nicht sein Ziel, ist es nie gewesen und ist es auch nicht für die Zukunft: »Ich bin ehr so, dass ich in zehn Jahrn lieber zwei Mann wenicher in der Baggschduhm hab. Des is gscheider so, wall dann habbin Überbligg.« Und der Senior ergänzt: »Wichdicher is, dass die Gwalidäd schdimmd und ned nur der Umsadds.«

Aber erstens kommt es anders, und zweitens als man denkt, heißt: Das mit der Qualität ließ sich halten, das mit dem Nichtwachstum nicht. »Da is a Freund vo mir kummer, der hod an Gedränkeladn übernommer und der wolld ah a Bäggereithege mid neimachn. Und den beliefer ich. Und dann noch mol a Meddsger, der is dazukommer. Was nadürlich auch weng Waggsdum ausgmachd had, is, wall viele

🔺 ... und heute ist er Meister, aber: »Ohne Frauen kannsd so an Ladn ned machen«; Familie Schmidtkunz, junior und senior

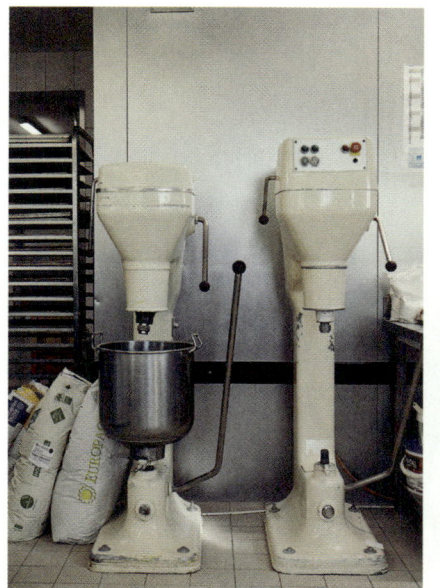

⬆ Nur wenige Maschinen unterstützen, das meiste ist noch Handarbeit
⬅ Früh um zwei geht hier in der Backstube die Arbeit los

Bägger außnrum zugmachd ham« – weil sie keine Nachfolger hatten –, und »dann machmer noch so aweng Liefertourn, was ah widder aweng ausmachd. Des is dann immer mehr worn.« Ungeplant.

So kam eines zum anderen, und man wurde quasi zum Wachstum gezwungen, wuchs aber immer mit Augenmaß und schlug auch viele Gelegenheiten aus, die andere, die sich von der allüberall religionsgleich propagierten Wachstumsphilosophie hätten blenden lassen, ergriffen hätten.

»Filialn häddmer scho hunderd aufmachn könna«, schüttelt Senior Kurt, der vorher konsequent die gleiche Philosophie verfolgte wie Sohn Holger jetzt, den Kopf, »in einem Joar hadd ich amol siehm Anfragn, aber da habbi gsachd, des willihc ned.« Und er erläutert das noch einmal, auch das damit zusammenhängende Risiko: »Zum Beischbill wie in Thalmässing der ersde Subbermargd aufmachd had, die wärn ah kummer. Aber des machi ned. Ich will mi ned vo su anner Keddn abhängich machen. Die sagn ›Du beliefersd mich‹, und wegen denen invesdiersd noch und dann drüggns en Breis undsoweider. Da hamm wir scho so vill Beischbiele vo Kolleegn, nah, do fangi goaniggs oh.«

71

⬆ Ausnahmsweise nicht gebacken, sondern gebrannt: die Hausnummer

Sohn Holger nickt. »Da gibbds ah, die sann dann so drin, dass's braggdisch weidermachn müssn.« Von der absehbaren Abhängigkeitskette will man sich nicht fesseln lassen – investieren, um die Mengen zu schaffen, gleichzeitig aber gefangen und ausgeliefert sein, weil man ja die Kredite bedienen muss. Da sagen Vater und Sohn Nein. So ist man zwar gewachsen, aber immer mit Vernunft, nicht aus Gier. Immer mehr und immer größer zählt hier nicht, lieber bodenständig bleiben, überschaubar und klein.

Eines aber muss der Senior unbedingt loswerden, weil es ihm wichtig ist: So ein Betrieb, sagt er, sei ohne das Mitziehen und das Engagement der Ehefrau nicht denkbar – nicht ohne das »meiner Marga« und nicht ohne das von Birgit, seiner Schwiegertochter. Respekt und Dankbarkeit klingen hier durch.

Die »Emma« muss weg!

Der Laden mit der eigenartigen Hausnummer M5 war bis vor zehn, zwölf Jahren ein kleiner Tante-Emma-Laden mit dem dort üblichen Sortiment. Kurzwaren, Waschpulver, Zahnbürsten, Klobürsten, Lebensmittel, Konserven und, und, und. Bunt bis unter die Decke – und das ist er auch heute noch. Nur größer, geräumiger, heller. Denn irgendwann stand auch der Ladenumbau an, der alte war nicht mehr tragbar. Also holte man sich die Expertise von Beratern.

Ganze vier dieser Gilde kamen ins Haus, um den Umbau zu besprechen. Das Ergebnis fasst Holger so zusammen: »Die ham alle gsachd, ach, vielleichd hindn a glanne Kühlung für die Milch, aweng Jogurd und Budder, aber der Resd: alles weg. Des had eigendlich jeder gsachd. Da ham mir hald gsachd, dassmer des alles ham wolln, wallmer am Dorf hald der ahndsigge Lohdn sann. Mir wolldn hald des Schbeggdrumm weng erhaldn.« Der Laden war immer Emma und sollte Emma bleiben.

»Allerdings«, erläutert Marga, »nachm Ladnumbau hammers Sordimend aweng gschdraffd. Ma brauchd ned jedes Waschmiddl und ned jede Soddn Nudl.« Und der Senior ergänzt: »Wall der Großdeil, der fährd doch zum Lebnsmiddleikauf in Subbermargd.« – »Aber«, jetzt wieder Marga, »a Grundsoddimend, des hammer, und wir ham dafür edds es Kaffee-Egg«, eine Nische mit vierzehn Sitzplätzen zum Kaffeetrinken oder für eine Brotzeit.

Der neue Laden hat, wie der alte auch, achtzig Quadratmeter, »der gans alde Laden, bis 1974, des worn so zwanzg.« Und wie viele Artikel

⬆ Tante-Emma-Laden gegen jeden Rat

⬆ Inmitten anderen Gebäcks: die krummen »Bummerangs«

⬆ Mehl, Wasser, Salz – mehr kommt nicht ins Brot, auch beim Roggen

sind heute im Sortiment? Das weiß keiner so richtig zu sagen, aber »do kummd scho was zamm.« Die Schmidtkunzens schätzen so um die tausend, eher mehr. Obst, Gemüse, Wurst, Getränke, Zeitschriften, Nudeln, Kaffee, Zucker, Kreuzworträtselhefte, Konserven, Wolle, Strümpfe – und: »Wir ham noch Kurzwarn hindn no weng im Lahcher, wenn anner mal weng wos brauchd«, also Garne, Reißverschlüsse, das ganze Emma-Handarbeit-Sortiment. Man ist Tante Emma aus Überzeugung und gegen jeden Rat. Erfreulich.

In vielem einfach anders

Ob Holger den Laden samt Bäckerei denn gerne übernommen habe, will ich wissen. Da antwortet seine Mutter für ihn: »Der had scho immer gsachd, er machd Bägger. Der wor scho, bevorer in di Schull kummer is, an der Kassn gschdandn und had kassierd und had ah richdich rausgehm, also da ham sich die Leid immer gwunderd.«

Und dann lacht sie: »Der hod aber immer andersd rausgehm, also verkehrd rum, vo ohm her. Wenn dah anner an Fuchdsger ghabd hod, und es had achdneundsich kost, da hadder ersd zwah Zwansger rausgehm, dann die Marg und dann es Zehnerla, genau anderschd rum wie alle. Des ham die Leud immer ned verschdandn.« Selbst da ticken die Schmidtkunzens also anders.

Seit zehn Jahren sei Holger in der Vorstandschaft der Innung. In dem Zusammenhang sagt er noch etwas Generelles zur Entwicklung des Bäckergewerbes: »Zu Anfang war mer noch über sechzich backende Betriebe, jetzt semmer noch dreiervöddsich.« Ob er vor dem Hintergrund dieser Entwicklung nicht doch irgendwann wachsen werde, ja quasi dazu gezwungen werde? Da klingt er wieder sehr bestimmt: »Ich will zum Beischbill nie a Filiale ham, und größer will ich ah ned werrn. Des reichd aso. Bei uns kaufd die ganze Oddschafd ein, auch aus den Nachbarodden, und samsdoch, wenni so auf die Kassnzeddl schau, hammer doh vierhunderd, vierhunderfufzg Kundn, des langd.« Auch deshalb bleibt man aus Überzeugung klein: »Sonsd kommd ja alles andere zu kurz.« Was er damit meint, ist klar: Die Familie, er hat drei Töchter.

Trotzdem gibt es genug zu tun, der Laden hat Montag bis Freitag von 5.30 bis 18 Uhr durchgehend geöffnet, samstags von 5.30 bis 12 Uhr. Sonntags ist geschlossen, aber Holger bäckt »fast jedn Sonndach« für Kirchweihen, Dorffeste etc. und macht Torten für Geburtstage, Hochzeiten, Feiern. »Von Ende April bis Anfang Oktober hads meisdns nur ann Sonndoch gehm, wo i ned baggn hab. Des sinn dann aber zwei, drei Schdundn, des is überschaubar.«

⬆ Vor hundert Jahren war der Laden noch
im ehemaligen Schweinestall

⬆ Spritztüllen in jeder Form und Größe für Plätzchen,
Sahnehäubchen und Pralinen

Viel Besonderes, zahlreiche Spezialitäten

Spezialitäten übrigens hat das Haus *Schmidtkunz* viele zu bieten. Etwa
die selbst gefertigten Pralinen. Oder das Brot aus reinem Roggen, »kein
Gramm Weizen, kein Gramm Hefe«; auf Backmischungen wird generell verzichtet, »bei uns is im Brohd niggs drin«, und etliches ist auch
Bio. Oder der Sauerteig: »Es leddsde Mal angeddsd ham mir 1992, und
seiddem ziehmern immer weider.« Oder zur Weihnachtszeit Lebkuchen. Oder Stollen, »da machn wir drei Donner von jeds Joahr, da
kummd die Kundschafd bis vo Eichstädt oder Lauf. Waller safdicher is.«

Oder die »Bummerangs«, das sind gebogene Laugenstangen.
»Des ham moll die Schullkinder aufbrachd. Die ham gsachd: ›so an
Bummerang‹, und des hod si dann su schnell … ah bei die ganzn Leud …
däi kummer all und sohng ›Bummerang‹«, erläutert Seniorchefin
Margarethe. »Middlerweile wassmer, wenn a Fremder kommd, wall
der beschdelld a Laugnschdanga und kann Bummerang.«

Mir am besten geschmeckt haben die Haferstangen, dünne, lange
Stangen, schön braun gebacken, aus reinem gequollenen Hafer.
Mit knuspriger Pfefferkruste. Eine Eigenkreation von Holger Schmidt-
kunz.

⬆ Ein Teil exakt so groß wie das andere: Mit dem Rollenschneider entstehen die Rohlinge für die Croissants

Doch eine Sache gibt's …

Zum Schluss frage ich den Junior noch, ob es etwas gebe, das ihn ärgere, denn bisher haben alle nur gute Laune versprüht. Da fällt ihm sofort etwas ein: »Ich hab leddsds Joar Kassn kaufd für über achzeahdausnd Euro, drei Kassn. Und edds gibds schon wieder es Näggsde vom Finanzamd, dass jedes Teil über die Kasse … und da habbi edds des Angebod grichd und da zahli widder zwarerhalbdausnd, wo mer si dengd, bloß dass in Brüssl irgendahner sei Verwirglichung gfundn had …« ℗

Tommie Goerz

ars vivendi

vivendi

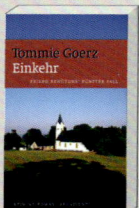

Unerträgliche Schwüle lastet auf Franken – und Behütuns quält ein Verdacht: Dreimal schon hat in den vergangenen Jahren ein Sexualmörder zugeschlagen. Kann es sein, dass die Schwüle eine Rolle spielt? Und: Kann es wieder passieren? Behütuns versucht, die Psyche des Mörders zu ergründen. Da macht eine Frau eine abenteuerliche Aussage: Hinter einer Reihe von Unfällen sollen Morde stecken …

Einkehr
Kriminalroman, Klappenbroschur, 304 Seiten, € 14,90
ISBN 978-3-86913-421-5 · Auch als eBook erhältlich

Über drei Jahrzehnte ist es her, da verschwand in Markt Erlbach eine Frau. Spurlos. 30 Jahre später vermisst man einen Priester, der zuletzt in der Nähe von Ebermannstadt in der Fränkischen Schweiz gesehen wurde. Schließlich buddelt am südlichen Rand des Steigerwalds ein Hund Teile einer Frauenleiche aus. Die Fälle scheinen irgendwie miteinander verwoben. Nur wie? Behütuns und sein Team stehen vor einem Rätsel. »Humorvoll und mitunter bitterböse.« *Doppelpunkt*

Schlachttag
Kriminalroman, Broschur mit Farbschnitt, 427 Seiten, € 14,90
ISBN 978-3-86913-582-3 · Auch als eBook erhältlich

1982: Zwei junge Männer brechen nachts mit ihrem VW Käfer auf, Ziel unbekannt. Danach sind sie verschwunden. Spurlos. 2017 findet man in einem See in Franken das Wrack eines alten Autos. Der VW. Darin: menschliche Überreste. Was ist damals passiert? Ein Unfall? Selbstmord? Mord? Stecken Drogen dahinter, Familiäres, die RAF? Die Suche führt die Nürnberger Ermittler um Behütuns bis nach Sizilien – und wieder zurück auf den Grund des Sees …

Nachtfahrt
Kriminalroman, Broschur mit Farbschnitt, 416 Seiten, € 15,00
ISBN 978-3-86913-909-8 · Auch als eBook erhältlich

An einem Stammtisch irgendwo im tiefsten Franken sitzen die Männer beim Bier zusammen. Schweigen. Und reden sogar. Über den Ort, was so los ist, über Politik, auch über die große. Das könnte ewig so weitergehen, doch da, eines Abends, öffnet sich die Tür des Wirtshauses, und die große weite Welt ist plötzlich da: zwei Flüchtlinge, verängstigt, verletzt, gehetzt. Am nächsten Tag sind die beiden verschwunden. Was ist mit ihnen geschehen?

Stammtisch
Kriminalroman, Broschur mit Farbschnitt, 296 Seiten, € 15,00
ISBN 978-3-7472-0007-0 · Auch als eBook erhältlich

»Macht bitte weiter!«
★
Bei Gießlers
in Mäbendorf,
★ Suhl ★

Für diesen Besuch lassen wir den Norden Frankens hinter uns, überqueren die Grenze nach Thüringen und fahren die paar Kilometer bis Suhl – und schon sind die ersten fränkischen Dauermoddser am Rummumbfln und Bälfern: »Suhl? Des is doch gornemmer Franggn.«

Stimmt. Ist Thüringen. Und stimmt nicht: Das ehemals 56 000–, inzwischen nur noch 36 000-Einwohner-Städtchen am südlichen Rand des Thüringer Waldes gehört eindeutig zum fränkischen Sprachraum. Also.

In »Zentralfranken« kennt man Suhl eigentlich nur von den Hinweisschildern an der A 73. Das steht da überall. Warum? Wahrscheinlich, weil die A 73 dort endet und in die A 71 mündet, einen anderen Grund habe ich nicht gefunden. Trotzdem weiß man natürlich das eine oder andere über das Städtchen, spätestens seit Suhl 2019 durch die Presse ging. Zum Beispiel, weil dort wegen des Bevölkerungsschwundes viele Plattenbauten abgerissen wurden. Oder weil man hier mit über fünfzig Jahren bundesweit den höchsten Altersdurchschnitt hat – ganze sechs Jahre über dem Bundesschnitt. Manch einer weiß vielleicht auch noch, dass in Suhl die Rüstungsindustrie ihren Sitz hatte und man dort bis heute Waffen baut. Jagdwaffen. Oder, dass hier das Simson-Werk ist, das unter anderem die legendäre *Schwalbe* gebaut hat, das einzige Moped, mit dem man mit kleinem Versicherungsschild 60 km/h fahren darf. Aber sonst: Suhl?

Wer will, kann das Wissensdefizit gerne für sich selbst aufarbeiten, wir verlassen das Städtchen nämlich gleich wieder, und zwar westwärts in Richtung Mäbendorf. Dort an der Hauptstraße, am

← Ein Betrieb mit vielen Überraschungen –
und einem letzten Hauch von DDR

⬆ Hier lohnt's sich, anzuhalten und mal aufzutanken

Ortsende rechts, liegt unser Ziel, der Laden der Gießlers: ein kleiner, flacher Bau, der eher aussieht wie eine verglaste Doppelgarage, zwei Tanksäulen und eine Gitterbox mit Gasflaschen und schließlich ein zweiter Laden, allerdings ohne Schaufenster, aber überall stehen Dreiecksständer und Angebotsschilder. Es ist das Lager für Kartoffeln, Futtermittel, Holzkohle, Kaminholz und vieles mehr.

»Vom Badesand für Pelztiere bis zur Mausefalle hamwer hier alles«, klärt mich Mario Gießler auf, zum Beispiel auch Melasseschnitzel oder Weizen und Mais für die Kleinbauern. »Man glaubt nicht, wie viel Leude zuhause noch'n paar Tiere ham, die was zum Fressn brauchn. Hundefutter, Forellenfutter, Taubenfutter – alles was verpackt is. Das holn die Leude. Die sagen: ›Ich brauch ein'n Sack‹, zahln hier und holn sich den da raus, das kontrollier ich auch nicht, das ist Vertrauenssache. Und so wollmer das auch weiter haben.«

Das Vermächtnis des Vaters

»Hallo, wir haben Ihre Annonce im *Freien Wort Suhl* gelesen, wo Sie nach Tante-Emma-Läden suchten. Wir, Mario und Simone Gießler, führen in vierter Generation eine kleine (ganz kleine) Tankstelle mit einem kleinen Lädchen dabei …«

80

⬆ Hinter den Kulissen: Lagerraum, Büro und Rechenzentrum

Mit dieser kurzen Mail machten mich die Gießlers auf ihren Laden aufmerksam, und ich bin ihnen dankbar, dass sie es taten. Und gleich noch ein paar Bilder hinterherschickten. Denn *HT-Handel und Tanken Mäbendorf GmbH*, wie das kleine, aber erstaunlich vielfältige Unternehmen der beiden in der Hauptstraße 44 offiziell heißt, ist wirklich etwas ganz Besonderes.

Kaum zwei Wochen, nachdem ich die Mail erhalten habe, sitze ich auch schon mit Mario Gießler im Büro. Hinterm Haus ziehen sich ein paar Weiden den Hang hinunter ins schmale Tal der Hasel, und am gegenüberliegenden Hang steigt der Thüringer Wald hinauf. Wir sind sofort beim Du. Früher befand sich in diesem – kaum fünfzehn Quadratmeter kleinen – Raum einmal der Laden. Man kann kaum treten. Auf dem Fußboden stapeln sich diverse Kartons und Dutzende Sechsergebinde mit Marillenschnaps, Williams Christ, Haselnuss, Zwetschke (ja, das schreiben die Österreicher so), Kirsch und sonst welchen hochgeistigen Erzeugnissen der Destille *Prinz* vom österreichischen Bodenseeufer. In einem Eck liegen, wie lose übereinander geworfen, mehrere Hirschtrophäen. (»Die is noch vo dem«, deutet Mario auf das oberste Geweih, als er später einen Brotzeitteller mit Wildsauschinken und Hirschsalami serviert.) Auch die Wände und Regale rundum quellen über von Kartons und Papieren, alten Akten, 81

⬆ Gründerin und Urgroßmutter Karoline Rubisch im Kreise der Familie

einer Waage, Gussgewichten und allem Möglichen aus der langen Geschichte des Ladens, dazu Familienfotografien, einige ausgestopfte Kleintiere und diverses Geraffel. Auf dem massiven alten Schreibtisch mitten im Raum warten Aktenstapel und Bestelllisten auf die Bearbeitung. Wir setzen uns aufs Sofa unterm Fenster und an den kleinen Tisch und schieben das Zeug, das dort liegt, zur Seite. Als Mario den Drucker anschmeißt, um mir die Kopie eines Dokuments zur Geschichte des Hauses zu machen, geht automatisch das alte Röhrenradio mit an, das an derselben Steckdosenleiste hängt. Anders lassen sich die beiden Geräte wohl weder ein- noch ausschalten.

Mario Gießler, etwa Mitte fünfzig, ist in dem Laden groß geworden; dass er, der eigentlich gelernter Tischler ist, ihn nun zusammen mit seiner Frau Simone betreibt, hat, abgesehen davon, dass er ihn gern und mit Herzblut führt, einen ganz besonderen Grund.

»Mein Vader hadde damals gesachd, als er sehr kränklich war schon, da hadde ich den mibm Rollador ans Fensder gefahrn, und da hadder so rausgeguggd da, und da haddmer die Bilder von der Familie so'n bisschen an der Wand, und da hadder gesachd: Jung, soll das schon alles gewesn sein? Ich wolld doch noch so viel machn.‹ Und dann sagder: ›Machds, solangers könnd, machd das Geschäfdchen bidde weider.‹« Kurz darauf, das war 2010, ist er im Alter von 79 Jahren verstorben.

Auch Simone ist die Erfüllung dieses Wunsches eine Herzensangelegenheit, denn Marios Vater war für sie wie der eigene, nachdem sie ihren schon früh verloren hatte. Bereits mit sechzehn hat sie Mario kennengelernt, seitdem sind sie ein Paar. Und die beiden waren schon immer ein wenig anders: »Andere sind halt auf die Disco, und ich bin mit meim Mann raus auf den Hochsitz.«

Bis heute gehen sie viel in den Wald, genießen die Ruhe dort, schauen nach dem Verbiss, bauen Hochsitze – und Mario, der auch Jäger ist, schießt hin und wieder einmal Rotwild, Rehwild »oder ne Sau«.

Und sie besitzen sechs deutsche Wachtelhunde im Alter von drei bis vierzehn Jahren. »Wenn ein Hund aufm Hof ist, bleibt er aufm Hof.«

⬆ Das Büro ist Zwischenlager für alles Mögliche   ⬆ Händler, Jäger, Menschenfreund: Chef Mario Gießler

Keine Taschenfüller

Simone und Mario Gießlers *HT-Handeln und Tanken* hat eine Geschichte, die ziemlich einmalig sein dürfte – was man auch von Simone und Mario behaupten kann. Sagen die Kunden. Beispiel: Als ich später kurz draußen stehe, komme ich mit einem dieser Kunden ins Gespräch. Er sitzt in seinem Wagen, während Mario diesen betankt.

»Ich bin ja viel underwegs gewesn«, erzählt der Mann durch die offene Fahrertür, »selbstständig, so mit der Firma. Da hab ich viel kenngelernd und erlebd, aber ich kann nichts Besseres beschreiben als diese Tankstelle.«

Der Kunde ist Zimmermann, stellt sich heraus, heißt auch so und ist ein Kollege Marios aus dessen Tischlerzeit. Er sitzt seit »dem Scheißunfall« im Rollstuhl und singt ein Loblied auf die Gießlers. »Das sinn keine Taschenfüller hier. Die ganzn Schauspieler da außenrum, da is viel Luch und Bedruch, aber hier wird noch richdich menschlich umgegang; und es is egal, was'de mal für Launen hasd, die sinn immer gud drauf, des is unglaublich.« Zimmermann reicht Gießler seine EC-Karte, der kennt die Geheimzahl, geht hinein und bucht den Betrag ab. »Wir machn hier viel mid Verdraun. Nur so wollen wir das.«

Reichhaltiges Sortiment
seit 1932

Karoline Rubisch, die Urgroßmutter von Mario, hat 1932 mit dem Handel begonnen. Sie hat Butter aus dem nahe liegenden Franken geholt, Wurstwaren beim Metzger in Schweinfurt bestellt, die am nächsten Tag per Bahn geliefert wurden, dazu Lebensmittel aller Art, Schneiderei, Stoffe, Kurzwaren. Damals fuhr man noch mit dem Fahrrad die Dörfer ab, hat Bestellungen aufgenommen und später ausgeliefert. »Die sinn«, sagt Mario, »mid dem Rad bis Wölfershausen im Bibratal gefahrn.« Das liegt im Grabfeld, rund dreißig Kilometer südwestlich. »Die übliche Zahlungsart war das Ausstellen eines Wechsels.«

Wie umfangreich das Sortiment damals schon war, bezeugt ein Gedicht, das ein Kunde in der zweiten Hälfte der 1930er-Jahre zu einer

Geburtstagsfeier der Ladengründerin geschrieben hat – wohl zwischen 1936 und 1939, denn erst ab '36 verkaufte man Benzin, zuerst aus einem 200-Liter-Fass, schließlich aus zwei Fässern mit je zwei Kubikmetern; gezapft wurde per Handpumpe an einer kleinen Zapfsäule, von '39 an gab es dann kriegsbedingt bis 1945 keinen Benzinverkauf mehr.

Tante Rubisch im bekannten Alter,
Schwiegersohn als der Verwalter,
Toni und Trudchen fein,
laden uns im Kaufhaus ein,
was gibt's da für schöne Sachen,
Butter, Wurst und Bettvorlagen,
weiße, rote, grüne Bändel,
Damenstrümpfe und Schnürsenkel,
Creme, Puder, frische Eier,
Hosenträger und Schnürleiber,
Wadenstrümpfe für die Herrn,
Fischfilet, das ess ich gern,
Gardinen lang und auch für Scheiben,
Gärtnersamen, die gut treiben,
Rollmops in kleinen und großen Dosen
und auch wollene Unterhosen,
Zwirne, Garn und Schuhknöpfer
und auch jedes Maß im Schlüpfer,
Bohnenkaffee aus fernem Land,

Ata guter Scheuersand,
Pullover mit und ohne Ärmel,
wer schlachten will, auch künstlich Därme,
Pfeffer, Zimt und auch noch Salz
und auch gutes Schweineschmalz,
Fasernstoffe es ist kein Wahn,
alles zum Vierjahresplan,
Leibwäsche für dicke und dünne Leute,
auch noch gute Wäscheleine,
Bücklinge und Marinaden
und für Kuchen die Zutaten,
auch noch eine Flasche Wein,
alles kann man kaufen ein,
fürs kleine Kind nen Gummisauger,
Persil, das gibt gute Lauge,
Öl, Fette und Palmin
und das gute Leun-Benzin […]

So geht das immer weiter quer durchs Sortiment, bis das Gedicht schließlich endet mit: *denn die Leute sind sehr nett, / wenn sie nur nicht so ne genaue Waage hätt!*

Und heute? Hat sich im Grunde nicht viel verändert. Mario holt seine Kartoffeln aus Hollstadt in Unterfranken, auch das Getreide, bezieht die Holzkohle aus Schleusingerneundorf im Frankenwald von der *Köhlerei Hartleb*, »des is die besde«, seinen Wein aus der Pfalz, Blumen vom Gärtner; Brot, Fleisch, Wurst, alles ist regional. Geöffnet haben die Gießlers Montag bis Freitag von 6.30 bis 18 Uhr und samstags von 8 bis 12 Uhr.

↑ Übersichtlich groß, aber alles drin

Nach der Wende:
Orangen und Bananen

Doch erst noch einmal zurück in der Zeit. Nach dem Krieg machte man zunächst mit dem Gemischtwarenverkauf weiter, 1952 wurde der Laden in eine HO-(Handelsorganisation)-Verkaufsstelle umgewandelt, also in ein im Volkseigentum staatlich geführtes Unternehmen. Das wurde dann zwar irgendwann geschlossen, aber die Gießlers handelten weiter: Großmutter Toni und Mutter Marianne verkauften offene Milch sowie Eier, Honig und Wildfrüchte vom VEAB für landwirtschaftliche Erzeugnisse.

1968 wurden neue Tankbehälter mit einem Gesamtfassungsvermögen von 24 Kubikmetern installiert. Die Innovation: eine elektrisch betriebene Tanksäule. 1979 aber wurde die Tankstelle geschlossen, der *VEB Minol* kündigte den Vertrag, man hatte am anderen Ortsende eine neue Tankstelle gebaut.

Von 1979 bis 1990 nutzte der *Staatliche Forstwirtschaftsbetrieb Suhl* die Tankanlage als Betriebstankstelle, der aber wurde dann im Zuge der Umstrukturierungen nach der Auflösung der DDR abgewickelt, und die Tanke war wieder zu – aber nur für kurze Zeit, dann machten

↟ Die Konzerne wollten die Tanke plattmachen – ohne Erfolg

die Gießlers ihre »Tanke« wieder auf, bis 1995 »mit ner Sondergeneh-
michung, da durfd'mer nur Bendsin verkaufm, aber kein Diesl.«

1995 schließlich wurde die Tanke komplett erneuert – aber der
Laden brummte inzwischen aufgrund ganz anderer Artikel: »Die Mudder had einunneundsich angefangn mit Obst- und Gemüseverkauf,
zuerst in der alden Dobblgarasche. Da kam einmal die Woche der
›Gemüsebomber‹, der Laster mit Abflsinen, Bananen und so, was man
hald hier nichd so hadde, und hat die da undn abgeladn. Das war wie
so'n Magnet. Meine Mudder hat dort kisdnweise Abflsinen und
Bananen verkaufd bis 2005.«

Siegreich gegen übermächtige Konkurrenz

Doch in den Jahren nach der Wende kam es wie fast überall: 1995
wurde in Sichtweite ein riesengroßer *Marktkauf* gebaut, dazu ein paar
Jahre später noch eine große Supermarkttankstelle. Das Ende des
Gießler'schen Unternehmens schien vorprogrammiert. Und dann …?

Nicht ohne einen Schuss Genugtuung in der Stimme berichtet
Mario: »Da war der Scheff dieser Einrichdung da vonne hier bei

meim Vader, den seh ich wie heud noch da draußn schdehn, und had gesachd, ›Herr Gießler, des wird sehr schwer werdn für Sie. Wir wolln ja kein'n vom Markd verdrängn, aber …‹ Und da had mein Vader nur gesagd, ›Is in Oddnung, wir wünschn Ihn'n viel Erfolg mid dem neu'n Geschäfd‹ und so. Und ihr könnt mir eins glaubn: Ich hab nie so gerne Bilder von nem schließndn Geschäfd gemachd wie von dem Markdkauf da vonne. Weil mir mid dieser Situation eigendlich wieder vor Augn geführd wurdde, mid welcher Arrogans dieser Mann hier war und wollde meinem Vader erklärn, dass wir sowieso bald die Segl schdreichn müssn … aber uns gibds hald heud noch.« Denn: Die Gießlers haben gekämpft und durchgehalten – viele lange Jahre. Der *Marktkauf* aber musste nach zwanzig Jahren wegen Unrentabilität schließen, auch die große Tankstelle wurde abgerissen. »Und da hab ich für mich gelernt: klein aber fein.« Das also muss die Devise sein.

Münzen – die kleine Rache der Gießlers

Am Laden befindet sich ein Aufkleber »IHK Zwangsmitglied«. Natürlich frage ich da nach.

Mario lacht. »Mid der IHK bin ich so'n bisschen im Clinch.« Und das hat mit der Tankstelle zu tun. Denn es habe, erzählt er, vor Jahren einmal einen massiven Verdrängungswettbewerb auf dem Tankstellenmarkt gegeben, und dann wollten die großen Tankstellen so »einen klein'n Krauter wie mich nich mehr habn. Und da ham die über Wochen so'n Preiskrieg geführd, und das heißt: Ich hab meine Ware teurer eingekaufd als die 'se da vonne regelmäßig verkaufd habm.«

Heißt: Die großen Ölkonzerne haben den Sprit unter Einkaufspreis verkauft, um die Gießlers vom Markt zu drängen. »Und mid diesm Anliechn bin ich dann mal auf diese IHK und hab gefragd, wie mer denn da ma handhabm kann, weil des für mich 'n unlauderer Weddbewerb is.«

Und was antworteten die von der IHK, von der Industrie- und Handelskammer? »Ich soll ›das mal alles aufschreiben und dann müssmer was machn.‹ Und dann hab ich übern Zeidraum von vier Wochn mal die Breise immer aufgeschriebm, hab jedn Tach meine Einkaufsbreise angefrachd, und da is hald dabei rausgekomm, dass das Benzin da vonne billicher war, als ich es hädde einkaufm könn in

↑ In den Nebenräumen findet sich auch so manches Museumsstück
← Hier kriegt man alles, u. a. »Badesand für Pelztiere«

10 000- oder 15 000-Lidder-Mengn. Da had die Dame mir gesachd: ›Wir ham ne Lösung, wir ham ne Lösung: Sie müssn den Mineralölkonzern Total vorm Bundeskartellamt verklagn.‹«

So hilft die IHK also den Kleinen. Mario Gießlers Antwort darauf? Seitdem zahlt er seine Mitgliedsbeiträge mit einem Säckchen Kleingeld, gibt's an der Kasse ab und sagt: »Bidde nehmses nicht persönlich, aber ich zahl's under Vorbehald und mid Widerwilln.«

Mit dieser »Preispolitik« haben die Konzerne damals übrigens bundesweit viele Tankstellen in die Knie gezwungen. Die Gießlers konnten das nur überleben, weil sie die Verluste über das restliche Sortiment kompensieren konnten.

Und mit dem Sortiment brummt der Laden bis heute. Ständig halten Autos an, und die Ladenglocke klingelt; die Menschen scheinen zu wissen, was sie an den Gießlers haben. Doch wie geht es mit dem Laden weiter, wenn Simone und Mario in ferner Zukunft altersbedingt vielleicht einmal aufhören? Da kommt gerade die kleine Enkelin Annalena zur Tür herein und kuschelt sich an ihren Opa. »Machst du den Laden denn mal weiter?«, frage ich sie im Spaß. Da lacht mich die Kleine an: »Ja, vielleicht.« Das stimmt doch hoffnungsvoll. ℙ

Ein Laden mit Geheimnissen:
Beim »Obern Bäggn« in Effeltrich

»'s hodermoll a Kundschafd gsochd: Wos mer beim Bäggn ned grichd, brauchdmer ned«, sagt Renate Merkel nicht ohne Stolz, als ich mit ihr, ihrem Ehemann, Bäckermeister Bernhard, und seiner Mutter, der Seniorchefin Maria, zum Gespräch zusammensitze. »A schönners Lob kammer doch gorned griehng.« Es beschreibt das, was einen Tante-Emma-Laden ausmacht.

Mit dem Zitat ist das Sortiment des *Bäggn*, wie der Laden im Ort gemeinhin genannt wird, auch vollumfänglich beschrieben – wiewohl man bei den Merkels neben Backwaren, Lebensmitteln und allem, was man für den Haushalt braucht, noch ein paar Seltenheiten bekommen kann, die es sonst wohl nirgends gibt. Auch typisch Tante Emma. Doch dazu später.

Bei den Alteingesessenen heißt der Laden, der seit 1962 von *Edeka* beliefert wird, aber kein *Edeka*-Markt ist, nach wie vor *Oberer Bäggn*, weil es früher noch einen *Underen Bäggn* gegeben hat. Damals hatte jedes Wirtshaus im Ort, ehemals fünf an der Zahl, nebenher noch einen kleinen Laden, sei es für Lebensmittel, Metzgerei- oder Backwaren. Heute ist davon lediglich die *Bäckerei Merkel* übrig, dazu gibt es ein paar Meter weiter einen Bauernladen; ansonsten, wie überall üblich, an der Peripherie des gewachsenen Ortes Filialen großer Supermarktketten, in denen man ebenfalls Backwaren bekommt. »Des schbürdmer scho, dass die doh senn.«

Aber die Merkels wollen ihren kleinen Laden samt Bäckerei noch mindestens die nächsten fünfzehn Jahre weiterführen. Bis zur Rente. Ob die Kinder ihn danach übernehmen, steht noch in den Sternen. Im Moment sieht es nicht danach aus.

⬆ »Wenn sich ahner auf des Bänkla hoggd, des gfälld mer.«

Effeltrich, eine heute rund 2 700 Einwohner zählende Gemeinde im oberfränkischen Landkreis Forchheim, liegt am westlichen Fuß des Hetzleser Berges, etwa zwanzig Kilometer nördlich von Nürnberg und längst im Einzugsgebiet der Siemens- und Universitätsstadt Erlangen. Vor allem dadurch hat der Ort viele Einwohner hinzugewonnen, denn hier war das Bauland noch lange günstig. Doch auch, wenn heute viele »Neubürger« hier wohnen, hat sich Effeltrich viele seiner alten Traditionen bewahrt.

Den meisten dürfte Effeltrich durch seine über 500 Jahre alte »tausendjährige« Linde im Ortszentrum bekannt sein, eine weit auskragende, ehemalige Tanzlinde, wie man sie in Oberfranken sonst nur noch sehr viel weiter nordöstlich, in Limmersdorf, Peesten und Langenstadt, findet. Auch die mittelalterliche Wehrkirche St. Georg mit ihrem hohen Sandsteinmauerring ist bis weit über die Region hinaus bekannt, zudem ist der Ort durch seine sehr lebendige Pflege alter fränkischer Bräuche sowie der Trachtentradition ein Begriff. Wenn am Fastnachtssonntag die »Fosaleggn« den Winter austreiben, am Ostersonntag, angeführt vom Pfarrer auf dem ersten Gaul, der Georgi-Ritt ist, man an Fronleichnam durchs Dorf zieht oder im Juli zur Kerwa geht, kann man die heimischen Festtrachten bewundern.

Üppig, bunt, mit bestickten Tüchern und den prächtigen Brautkronen – eine Pracht, die am Fronleichnamsumzug meiner Frau die Tränen in die Augen trieb. Die bis vor Jahren üblichen Alltagstrachten aber sind längst aus dem Ortsbild verschwunden. *»Heud gibbds im Ord nur noch a Fraa, die die Tracht im Alldohch drächd.«* Früher – und damit meine ich zu meiner Kindheit und Jugendzeit, also bis in die 1960er- und 1970er-Jahre – sind die alten Bäuerinnen nicht ohne auf die Straße gegangen, die Tracht war ihr Alltagsgewand.

Besonderheiten, die man sonst nirgends bekommt

Mit den Trachten hängt auch eine der Besonderheiten zusammen, die man bei den Merkels in einer der engen Regalreihen finden kann: In einem kleinen versteckten Schubladenkästchen, verborgen zwischen den Restbeständen der Kurzwaren, wie Reißverschlüssen, Nähgarnen und Knöpfen, verbergen sich echte Schätze. Denn hier lagern uralte, originale und feinst gearbeitete Trachtenknöpfe sowie meterweise

⚑ Trachtenfreunde finden hier noch Kostbarkeiten

⚑ Knöpfe von vor dreißig, vierzig Jahren

⬆ Für die Kehrwoche steht schon
alles bereit …

⬆ … und für die notwendigen
Pausen auch

⬆ Putzfimmel nicht unter Kontrolle?
⬅ Seniorchefin Maria Merkel steht seit fast 60 Jahren Tag für Tag im Laden

Trachtenborten und -spitzen, die so längst nicht mehr hergestellt werden. Diese Spitzen haben die Merkels vor Jahren einmal extra für die Trachten hier weben lassen. »Zehndausend Mark rum hammer domohls doh inwesdierd.« Das wundert einen nicht, wenn man weiß, dass Renate und Bernhard beide im Trachtenverein sind. Sie haben sich sogar dort kennengelernt, obwohl Renates elterlicher Hof in der Nachbarschaft ist. »Ich bin ganze zwei Häuser weiderkummer, so weid hobbis gschaffd im Lehm«, lacht sie dazu.

Die zweite Besonderheit, die man hier findet: Peitschen. Aber nicht Reitpeitschen, sondern Peitschen zum Knallen. Ein ganzes Bündel davon steht im Verkaufsraum im Eck und wartet auf seine neuen »Besitzer. Diese Peitschen werden für die bereits erwähnten »Fosaleggn« benötigt, einen alten Brauch zum Winterverjagen. Dabei treibt man, begleitet von Peitschenknallen, dick in Stroh eingepackte Kerle – die Strohbären, die den Winter symbolisieren – durch den Ort und nach Baiersdorf hinüber (inzwischen fährt man die paar Kilometer in die Nachbargemeinde mit dem Bus). Dort schlüpfen die jungen Männer aus ihren dicken Strohmänteln, und die Umhänge werden, begleitet von Musik, Tanz – natürlich in Tracht – und Gejohle, verbrannt. Dann kann das Frühjahr kommen.

Bäckerei »scho seid ewich«, im Besitz der Merkels seit 1962

So wie die anderen Läden, die es ehemals in Effeltrich gab, gehörte auch der *Obere Bäggn* ursprünglich zu einem Wirtshaus; der Laden selbst war damals ein vielleicht zwanzig Quadratmeter kleiner Verkaufsraum für Brötchen und Brot. 1911 baute der Besitzer Wand an Wand zum Wirtshaus ein neues Haus für Bäckerei und Laden und verkaufte dieses dann. Unter den neuen Besitzern wandelte sich der kleine Laden auf dem Dorf zum Tante-Emma-Laden mit Bäckerei. Jetzt konnte man hier alles bekommen – alles, was man zum sparsamen Leben auf dem Lande brauchte. Den Nachkommen aber schmeckte das Tante-Emma-Leben in der Provinz irgendwann nicht mehr: »Derer Fraa hadds doh dann nimmer gfalln, dann senns noch Münchn ausgwanderd.« Und weil der eigentliche Nachfolger – »Durchn Griech is der Erbe nimmer kummer, no hamms mir geerbd.« – gefallen war, erbte Seniorchefin Maria Merkel Laden und Bäckerei. Man war halt

⬆ Für die Vorbesitzer war das Tragen
von Trachten ganz normal

⬆ Einst war das Haus zugewachsen
wie das Dornröschenschloss

miteinander verwandt. Von 1962 an betrieb sie dann den *Obern Bäggn* zusammen mit ihrem Mann.

Von einer Sorte Brot zu täglich mehr als sechs

Ursprünglich, erfahre ich, war das Angebot neben dem Lebensmittel-, Kurzwaren- und Krämerladensortiment nicht sonderlich üppig. »Früher hodds a Sorddn Brohd gehm, hald a Mischbrohd, a Sorddn Brödla, einfache Hörnla, und Schneggn manchmoll ah.« Das hat sich deutlich geändert.

Heute bäckt Sohn Bernhard zusammen mit einem Gesellen in der Backstube täglich sechs verschiedene Brotsorten, dazu jeden Tag wechselnd zwei bis drei Extrasorten, mindestens fünfzehn verschiedene Arten »Brödla, dann die ganz Hörnla, Schneggn, Brohdwöschd im Teig, Wienerla im Teig, Pizzateile.« Zusätzlich verkauft man Brotzeiten und Snacks für Durchfahrende und Arbeiter. Der Umsatz der Bäckerei mache, so schätzen sie, inzwischen etwa sechzig Prozent vom Gesamtumsatz aus, den Rest erwirtschaftet der kleine Laden.

Diesen führt Renate Merkel zusammen mit drei knapp halbtags angestellten Frauen aus dem Ort und der Umgebung, die sich immer abwechseln. Die Kundschaft kommt überwiegend aus Effeltrich und den umliegenden Orten, etliche Kunden aber kommen auch von weiter her, extra wegen dem Brot. Was nicht wundert, denn es ist »ehrliches« Brot: Bernhard Merkel verwendet für seine Backwaren keinerlei Backmischungen, »da kummd ja im Grund niggs weider nei wie 99

Juniorchefin Renate Merkel
hat beim Wischen schon mal ein Gebiss gefunden ...

»Ich hab beim Zammkehrn
amoll a Gebiss gfundn,
des wor so kurz vor Weihnachdn,
und da hobbi ned gwussd,
was solli edds mid dem Gebiss
machn, wall drohchis zur
Gemeinde vor, geb ichs im
Fundbüro ab, dann könners ihrn
Gänsbrohdn dahamm gorned
essn. Und ins Schaufensder
nohlehng – nah, so öffendlich
wolldis dann ah ned machn.
Naja, ober nohch drai Dohch
oder so is dann ahne kummer
und hod nochgfrohchd.«

🔺 Bäckermeister Bernhard mit Mutter Maria

Mehl, Wasser, Salz und Sauerteig«, er mischt alles selber an. Den Sauerteig »hodd der Vadder vom andern Bäggn ghuld domols, und seitdem hammer denn.«

So, wie sich das Angebot beim Brot vervielfacht hat, war es auch beim restlichen Sortiment. »Du hasd ja, nochm Griehch, doh hasd ja zwah Sorddn Waschmiddl ghabd, aweng an Gries, Zugger, des wor ja alles nu lose, neddermoll a Milch, da ham ja alle ringsrum nu Küh ghabd, und an der Milchsammelstell hamm die Leud middem Kännla die Milch abghold.«

1965 vergrößerten die Merkels die Ladenfläche – und 1985 erneut auf heute insgesamt 120 Quadratmeter.

Der Wandel der Zeit

Was sich in den Jahren verändert hat, möchte ich wissen. Renate Merkel schaut mich an. »Eichendlich änderd si ja schdändich wos, obber es wär schee, wennermoll alles so bleiberd wies is.« Sie lacht, überlegt einen Moment und fügt dann etwas nachdenklich an, früher sei der Laden mehr Kommunikationszentrum gewesen, heute sei weniger Austausch. Doch dann lacht sie schon wieder. »Klar, wenn die

Totenglocken geläutet haben, wird scho gfrochd, ob mer waaß, wer gschdorbm is. Obber da muss mer auch immer aufbassn, wall es senn schon manche dohdgsachd worrn, und dann hammse noch glebd. Also bevor mer was ned genau waaß, dann sachdmer des ah ned weider.«

Dann fällt ihr noch etwas ein. Früher, sagt sie, seien die Leute in der Weihnachtszeit mit ihrem Teig gekommen und hätten mit der Restwärme aus dem Ofen ihre Plätzchen gebacken. »Die ham hald ausgrollerd doh hindn und ausgschdochn und dann die Bläddsla wäschkorbweis nausdrohng.«

Auch das hat sich verändert: Die Backwaren bekommt man heute nur noch hier im Laden, früher lieferte man auch in den Nachbarort Gaiganz, in einen kleinen Laden und die dortige Wirtschaft, beide aber haben längst geschlossen. Diese Sorge muss man bei Merkels Gott sei Dank zumindest für die kommenden fünfzehn Jahre nicht haben.

Und sie haben auch selber etwas verändert: Seit eineinhalb Jahren haben sie montags geschlossen, »wall jeder hod blos a Lehm, auch wir.« Klar kämen nach wie vor auch Leute nach Feierabend zum Hintereingang »oder manchmoll die Bauern, wenns vom Agger hamkummern«, doch lange nicht mehr so oft wie früher.

Die Arbeit aber bleibt. Um halb drei beginnt die Schicht in der Backstube, Renate öffnet den Laden um 5.45 Uhr, mittags ist von 12.30 bis 14 Uhr zu, danach wieder bis 18 Uhr auf. Es ist wie in all den kleinen Läden: Man muss ihn leben, sonst geht es nicht. Und die Merkels tun das, das spürt man.

Im *Laden* des *Lachens*

Bei Irene Eggers in Sommerhausen

Auch auf die Gefahr hin, dass ich mich wiederhole und Sie sich als LeserIn denken »Oh Godd, ned scho widder des!«, aber ich kann nicht anders: Franken ist in manchen seiner Ecken *su schäi*, dass es einem die Tränen in die Augen treibt. Mir jedenfalls. Wollen Sie sich das auch einmal antun? Dann nehmen Sie sich zwei Tage frei und Zeit – und die braucht's, weil Sie ja unterwegs auch den ein oder anderen Wein kosten sollen, und da ist es besser, wenn Sie wenigstens einmal übernachten –, setzen sich aufs Rad und fahren von Kitzingen aus mainabwärts. Oder von weiter droben, Volkach meinetwegen, Nordheim, Dettelbach oder sonst wo.

Da kommen Sie beinahe im Kilometertakt durch Orte mit mittelalterlichen Mauern, Stadttoren und barockem Gebäu, das einen mit seinem malerischen Einfach-so-da-Sein dermaßen berückt, dass man kaum anders kann, als dagegen anzutrinken. Sulzfeld, Marktsteft, Marktbreit, Frickenhausen, Ochsenfurt, Sommerhausen und wie sie alle heißen.

Wobei alte Bausubstanz ja meist ein Zeichen für Hunderte Jahre voller Armut ist, sonst hätten die Leut »des alde Glumb« schon längst plattgemacht und allerspätestens in den 1960er-Jahren gegen humor- und sonstwaslose viereckige Schachteln ersetzt, die die Seele grausen lassen. Das Erdgeschoss verfliest oder gleich das gesamte Haus eternitverplattet, nicht einmal für einen Dacherker hat da die Fantasie gereicht, draußen aber immerhin noch für Waschbetonplatten, 'nen ölfarbbemalt aufgeschnittenen Autoreifen als Schwan-Kunstwerk und vielleicht noch ein paar Zwerge.

➳ »Mir ham immer unsern Spaß hier ...«
Blumenfreundin Irene Eggers, wie sie lacht und lebt

Aus heutiger Sicht also hat es auch seine Vorteile, dass die Leute hier so lange so arm waren, so konnten sie manche Bausünde nicht begehen – andere Sünden hingegen schon, weshalb es entlang des Mains keine Inzucht gebe, hat mir mal ein Alter in Schwarzach beim Wein erzählt.

Auch ein Grund, sich hier die Zeit zu nehmen, die man für wenigstens einen Schoppen braucht. Oder zwei. Weil die Weinfranken, ganz anders als die Bierfranken, durchaus gern reden, auch viel. Die Geschichte des Alten: Früher hätten in die Orte entlang des Mains jahrhundertelang die Flößer frisches Blut gebracht. »Im Hinderland hads des nichd gagehm, do senn die Leud noch heude glenner.« Die Flößer hätten hier angelegt, so der lokale Geschichtsberichterstatter, und den Mädels das Blaue vom Himmel herunter versprochen, dann seien sie mit den so bezirzten (und oft beschwipsten) jungen Damen ins Gebüsch. Am nächsten Morgen aber haben sie sich schon in aller Frühe mit ihrem Floß und dem Blau des Himmels vom Main wieder fortschwemmen lassen. Die Mädels waren dann wieder allein, und neun Monate später zu zweit. »Oh ja, do hads vill von gegebb«, so der Alte damals, vielwissend nickend, beim Wein zu mir, ganz sicher nicht seinem ersten.

Überhaupt der Wein, das ist auch so eine Geschichte, wenn ich schon grad dabei bin, wir haben noch ein paar Kilometer bis Sommerhausen. Hier wie überall entlang des Mains werden ja inzwischen Tropfen an- und ausgebaut, die einen mit der Zunge schnalzen lassen – ganz anders als noch vor fünfundzwanzig, dreißig Jahren. Da trank man die fränkischen Sauerampfer nur, wenn man entweder kein Geld hatte oder sich wieder einmal zuverlässig das herbe Beißen des Sodbrennens an den Gaumen rufen wollte. Dann aber verabschiedeten sich immer mehr junge, später auch »wilde« genannte Winzer von den väterlichen Genossenschaftsverpflichtungen, probierten unter missbilligendem Kopfschütteln der Alten dies und das aus, auch Verrücktes; neue Rebsorten und das Klima taten ihr Übriges, und siehe da: Inzwischen weiß man nicht mehr, was man zuerst trinken und wie man es überhaupt schaffen soll, die Mengen der unterschiedlichsten güldenen Tröpfchen durch seine Leber zu schleusen. Man will ja weitgehend gesund bleiben, gleichzeitig aber auch möglichst viel dieses Reichtums wenigstens einmal probiert haben, sonst hätte man ja

umsonst gelebt.

Diese Winzer übrigens lassen heute an ihre Weine auch längst nicht mehr jeden ran, zumindest bei der Lese. Ich zum Beispiel wollte bei »meinem« Winzer Loos in Dingolshausen – ja, zugegeben, das liegt jetzt fünfundzwanzig Kilometer nordöstlich von Sommerhausen, im Quellgebiet der Volkach droben am Steigerwaldrand, eindeutig aber noch in Franken – ja gerne mal bei der Weinlese helfen, doch da winkte der ab. Da müsste er mich erst viel zu viel lehren über den Zustand der Trauben, über Pilze und Fäule und so weiter, das sei für ihn mehr Arbeit als Hilfe, er hätte da schon sein Team zusammen … So sind sie, die jungen Winzer, aber ich verplauder mich grad. Zurück an den Main und ans Ziel des heutigen Besuchs, nach Sommerhausen. Jetzt simmer da.

Essen, trinken und übernachten können Sie überall. Aber dazu noch erlesenen Schmuck, seltene alte Bücher erstehen, Galerien mit zeitgenössischer Kunst und internationalen Kunstwerken aus Glas, Keramik oder Metall besuchen, über Märkte bummeln, Konzerte hören, Seminare veranstalten und dann noch abends ins Theater gehen – das alles können Sie in Sommerhausen …

So holpert es bei *fraenkisches-weinland.de* und wortgleich bei *frankentourismus.de* über den Ort an der Fränkischen Bocksbeutelstraße dahin, der hochtrabend auch »fränkisches Worpswede« genannt wird. Sollte eigentlich jedem ein Begriff sein, und wenn nicht, dann nichts wie hin. Wegen des Städtchens, der Winzer, der KünstlerInnen, wegen des Genitivs nicht, aber wegen der Antiquitäten, des Grafls und auch des Torturmtheaters von Angelika und Veit Relin, das die beiden selbst »Das schönste Theater der Welt« nennen; in der Hauptstraße 4, im Turm des Würzburger Tores, ist es zu finden. Und natürlich wegen dem *Kauftreff »Ums Eck«* in der Hauptstraße 2, den Irene Eggers dort führt, städtcheneinwärts gleich hinter dem Tor rechts. Und wegen dem »dem«, weil den Genitiv gibt es im Fränkischen nicht.

Seit zehn Jahren macht Frau Eggers den Laden, den es aber schon über achtzig Jahre lang gibt, immer am selben Fleck, anfänglich nur kleiner. Und dass es ihn überhaupt noch gibt, daran sind nicht nur Irene Eggers, sondern auch die BürgerInnen von Sommerhausen schuld.

⬆ Jeder Quadratzentimeter ist belegt, mit den Getränken musste man schon in den Nebenraum ausweichen

»Maggs doch, maggs doch!«

Achtzig Jahre, diese Zahl hatte ich im Internet gefunden, in einem fünf Jahre alten Artikel der Würzburger *Main-Post*, aber ich will es natürlich genau wissen, also frage ich mal ganz scheinheilig nach: »Wie lange gibt es den Laden schon?« Und stelle fest: So genau weiß man das hier gar nicht.

»Oje«, antwortet Irene Eggers, mit der ich, während der Laden geöffnet ist und ständig Leute kommen und gehen, noch zur Vor-Corona-Zeit an einem kleinen Bistro-Stehtisch am Schaufenster stehsitze und einen Kaffee trinke. »Bedra?«, ruft sie zu ihrer Mitarbeiterin und Kollegin hinüber, die hinterm Tresen steht und die Kunden bedient, »seid dem Griech, gell?«

Die Petra Genannte lacht. »Den Ladn? Den gabs scho vor dem Griech, den gabs scho immer.« Ziemlich exakte Auskunft. Also gibt Irene die Frage an eine ältere Kundin weiter, die grad in der Nähe ist. Und wir erhalten zur Antwort: »Also im Griech gabs nen auf jedn Fall scho, den gabs scho, bevor ich geborn bin.« Gut, wenn die Dame, und das würde man ihr abnehmen, so um die achtzig ist, könnte die *Main-*

Post recht haben. Ist aber auch nicht so wichtig.

Ersatzweise serviert mir Irene Eggers einen geschichtlichen Grob-abriss: »Des war früher hauptsächlich en Bägger. Der ging dann in Rende.« Gemeint ist Walter Hirth, Besitzer des Hauses und Vermieter. »Dann haddernen vermieded an e Bäggerei von Rödelsee, denn hadder dann gekündichd, aber bei demm war ich dann ebmd angschdelld. Dann hadds a ehemaliche Angschdellde vo ihm übernomme, aber droddsdem is immer bergab … und dann habm ich übernomme. Ich war fümferdswansich Jahr beim Kupsch vorher, in Kitzingen, da hab ich viel Erfahrunge gsammeld, des war scho guhd, da haddmer vieles gelernd.« Einzelhandelskauffrau nämlich.

Dabei wollte sie den Laden erst gar nicht machen, aber dann: »Die Kundn ham gewolld, dass ich komm, auch der Bürchermeisder. Und der Hausherr had mich angerufm und had gsachd: ›Also end-weder edds nimmsd du en Ladn, oder er bleibd zu, dann dui niggs mehr rein.‹«

Fast jeden Tag sei sie damals angerufen worden, und immer hatte es geheißen: »›Ja maggs doch, maggs doch!‹ Und dann hab ich mir gedachd, da kenner mich die Leud, da weiß ich, wo ich aufbauen kann.« Also hat sie den Laden übernommen. »Und am 23. 4. werrns zehn Jahr« – im April 2020.

⚲ Eher ungewöhnlich für einen Winzerort: fränkische Beerenweine

Unlustig macht's keinen Spaß

Wenn Irene Eggers erzählt, blitzen ihre wachen, lustigen Augen auf, und sie hat für jede Kundin und jeden Kunden, die an unserem Stehtisch vorbeikommen, ein paar Sätze auf Lager.

»Ich hab der gschriem«, entschuldigt sie sich, als sie wieder einmal unser Gespräch unterbricht, »dass a Päggchen doh is. Ja, so Zeuch machen wir alles. Wenn die Bosd ned weiß wohin, nehmer mir des Zeuch an.« Auch von der *Deutschen Post*, obwohl der Laden eine Station des Paketdienstes *Hermes* ist. Wieder kommt eine Kundin zur Türe herein, und Irene ruft ihr gleich zu: »Frau Fillib, wollnse des Schreibm vo Ihrem Sohn gleich midnemme?«

Oder zu einem anderen Kunden: »Hallo, na, alles glor?« Man flachst kurz über das Thema Mundschutz. Sie hätte da ein Video, sagt sie, das zeigt, wie man sich einen selber basteln kann. Es ist der 12. März, am Tag darauf, am Freitag den 13., kam Corona, das Thema war bei meinem Besuch also gerade ganz frisch in aller Munde.

»Aus Filtertüten?«

»Nein«, lacht sie.

»Ausm BH? Häddsde denn welchn da?«

»Nein, grad ned, aber soll ich welchn besorche?«

»Ja, mid schwaddse Schbiddse.«

Der ganze Laden lacht, und so geht es in einer Tour. Man kennt sich, man trifft sich hier, man ist unter sich und hat Spaß.

Für einen Moment aber wird Irene kurz nachdenklich. »Ja, die Kundn möchen hald ein'n, ma grichd vill Briwades mid, des is hald so weng … Seele, da müss manche Leud ihr Seele ausschüdd könne, ne.« Das war genug der Nachdenklichkeit. »Wir lachn vill hier, mir ham immer unsern Spaß hier, und die Kundn machn da mid.« Es kommt auch viel zurück. So treffen sich im Laden regelmäßig ein paar Rentner aus dem Ort, trinken ihren Kaffee und plaudern, »und die frachn, ob was zu machn is« und helfen ihr dann. Regale reparieren, irgendetwas basteln, aufhängen, sonst was.

⬆ »War einer am Samstag da und wollde die Brödla holln, und dann sach ich, ›Ich glab, die mohch Ihr Frah ned.‹ Und dann hadder gsachd, ›Also dann dunnse moll die nei, wasse nimmd.‹«

Die Norma? Hier?
Nix, der Laden bleibt!

Es gibt wohl keinen gebürtigen Sommerhäuser, der diesen kleinen Laden nicht schon von Kindheit an kennt und mit ihm groß geworden ist – was zu etwas sehr Seltenem geführt hat: »Die Norma wollde mal unbedingd rei«, nach Sommerhausen, erzählt Irene Eggers, doch das hat die Bevölkerung damals geschlossen abgelehnt, »da gabs amal ein'n Bürgerendscheid. Die Bürger ham gsachd, ›Mir griechn hier alles, und des is okäi.‹«

Auch besaß ein Kunde genau dort, wo die Norma bauen wollte, ein Grundstück, »aber des gebb ich ned her«, hatte der damals gesagt. Zu erfahren, dass die Konzerne nicht überall offene Türen finden für ihr Billig- und Einheitsbreiangebot, dass die BürgerInnen sich sogar auf die Hinterbeine stellen und das geschlossen ablehnen, ist nicht nur selten, sondern tut auch richtig gut. Also mir.

Was die Kunden wollen,
wird gemacht

Warum läuft der kleine Laden bei ihr, will ich wissen, und warum hat es bei den Pächtern vorher nicht geklappt? »Wall die sich ned middn Sordimend ausgekannd ham.« Irene Eggers lacht schon wieder. Sie lacht eigentlich die ganze Zeit, oder sie kuckt einen wenigstens lustig und verschmitzt an. »Außerdem«, fügt sie an, »wenn ich niggs reinduh, kann ich niggs rausduh, oder? Ich muss hald auch moll was Neus risgiern.«

Und sie nennt mir ein Beispiel: »Vor e boar Joahrn bin ich emal gefrochd worrn, ob ich e boar Blümche besorgn könnd, die die Leud pflanzen können. Dann hab ich ganz klein angfangd mid Blumen – und edds sehngse mal, wie des ausuferd«, sagt sie und deutet auf die beiden voll beladenen Ständer mit Blumen und Pflanzen draußen vorm Laden.

»Gesdern war des kombledd leer, alles beide, und heud Nachd hab ich wieder alles ghold. Ich muss es zwar selber alles besorchn un mich drum kümmer, aber die Leud nehmers gern an.« Dafür fährt sie, die jeden Tag um vier Uhr aufsteht, um halb sechs im Laden ist und um

⬆ Die Blumen zum Pflanzen gehen weg wie warme Semmeln

sechs Uhr aufsperrt, vorher noch von ihrem fünfundzwanzig Kilometer entfernten Wohnort Markt Einersheim über Kitzingen zur Gärtnerei und holt dort die Pflanzen und Schnittblumen ab. Das Obst bekommt sie vom Großmarkt Würzburg, das wird täglich geliefert, »auch kleine Mengn«, deshalb sei immer alles frisch, darauf legt sie viel Wert. Freitag und Samstag hat Irene Eggers einen Obststand draußen.

Der Leberkäs für die Semmeln der Handwerker kommt vom Metzger schräg gegenüber, die meisten Waren ihres Sortiments liefert der Großhändler *Igros* aus Bad Neustadt / Saale, Partner vieler kleiner Läden am Land. Vorteil von *Igros* sei, sagt sie, man könne auch kleine Mengen bestellen und es sei immer frisch. »Der is normal und fair.« Aber: »Ich hab nirchendwo an Verdrach undergschrieben«, ihre Unabhängigkeit will sie sich bewahren.

Und auch das gehört zu ihrer Grundeinstellung: Wenn Kunden besondere Wünsche haben, »dann muss ich hald wohie fahrn, wos des gibd und des besorchn. Aber der Kunde kann sich hald drauf verlasse, dasses kommd.« Und »wenn ahner moll krank is dahemm«, dann liefert sie die Sachen auch aus. Was nicht verkauft wird, bringt sie zur *Tafel* in Kitzingen.

Schlangen am Sonntag

Der kleine Laden hat täglich geöffnet, auch sonntags bis 11 Uhr. »Da schdehn ofd die Leude Schlange nach die Brödli, bis draußn aufn Bladds.« Man sieht, es macht ihr Spaß. »Ma had schöne Erlebnisse, ja, und ich bin sehr zufrieden. Die Leud nehmers gud an, es nehmer auch die Junge an. Aber du mussd wirglich immer am Laufendn bleibm.«

Irene Eggers, Jahrgang 1959, macht den Laden »noch bis zur Rende«, wünscht sich aber, dass *Ums Eck* danach noch weiterlebt. Und das Lachen am besten auch. ℗

☛ Hier zeigt sich: Es ist ein schmaler Grat zwischen »alles drin« und »zu eng«

In der fünften Generation am Ort
Das
Dorflädla Köhn
in Ahornberg

Wetten, dass … den meisten beim Wort »Gottschalk« sofort *ein* Name einfällt? Richtig: Thomas. Thomas Gottschalk, der im oberfränkischen Kulmbach aufgewachsene Entertainer und Moderator. Den bunten Hund mit seinen gelockten blonden Haaren und den schrillen Klamotten kennt jeder. Dass es aber einen Ort namens Gottschalk gibt, wissen wohl die wenigsten, und ich muss gestehen, ich habe es auch nicht gewusst. Bis mich mein Navi auf der Fahrt nach Ahornberg durch den Flecken Gottschalk führte. Ein Hof, zwei Häuser, schon geht es hinten wieder hinaus, und ich rolle auf schmaler Schotterstraße durch eine kleine Senke auf das 340-Seelen-Dörflein Ahornberg zu. Mein Ziel: das *Dorflädla* von Hannelore und Dieter Köhn.

Am Rande vielleicht das: Während ich dies niederschreibe, google ich das Nest einmal und stoße prompt noch auf ein anderes »Gottschalk« hier in der Gegend. In Ahornberg, laut Wikipedia mit seiner Lage auf 673 Metern Höhe der »höchste Punkt zwischen Fichtelgebirge und Frankenwald«, hat es demnach einmal ein Schloss dieses Namens gegeben. Muss man nicht wissen, hat mit unserem Thema nichts zu tun und ist auch nichts mehr davon übrig, nur allerspärlichste Info auf der Website *alleburgen.de:* Dort steht (und das ist tatsächlich alles): *bei Haus Nr. 65, genannt Kloster*; in der Spalte Beschreibung kriegt man *nichts* zu lesen und unter Historie lapidar *1499 (Wal),* was immer das bedeutet, vielleicht Wehranlage – und damit genug des unnützen Wissens und Ende der Gottschalkerei.

Ich parke meinen Wagen neben dem Brunnen gegenüber dem schiefergedeckten Siebzigerjahrehaus am Dorfplatz 3, setze meine

🔹 Hannelore: »Früher hat Dieter auch noch Fußball gespielt.«
Dieter: »1 032 Spiele. Die Schuh senn noch drundn. Gebuddsd.«

Corona-Maske auf, steige die drei Stufen zum *Dorflädla Köhn* hinauf
und trete ein – und finde mich in einem Laden wieder, wie er »emma-
iger« kaum sein kann. Wie aus dem Bilderbuch. So stellt man sich das
vor. Klein und eng, dicht und bunt, vollgepackte Regale, stellenweise
das eine oder andere schon in Ehren Angegilbte dazwischen, eine Nebenkammer, in der die Regale überquellen, hier und da ein Karton
oder zwei, die unvermeidliche *Bizerba*-Waage auf dem Tresen, der man
die Jahre ansieht, Schulsachen neben Reißverschlüssen, Eierlikör neben Stopfgarn, Tobacco-After-Shave neben Chupa Chups – und erst
die Düfte! Mir werden die Knie weich bei dem Anblick und dem Ge-
ruch, und ich versuche, erst einmal so viel von den Geschmäckern in
mich aufzunehmen, wie es mir meine Maske erlaubt. »Grüß Gott.«

Dieter Köhn erwartet mich schon. »Die könners scho nunderduh,
walli edds abschberr«, empfängt er mich, als er mich mit Maske und
nach zwei Atemzügen sofort beschlagener Brille halb blind im Laden stehen sieht. Er lacht und führt mich nach hinten in die Küche,
wo seine Frau Hannelore dazukommt, die mich ebenfalls lachend
begrüßt.

⬆ Den Laden machen die beiden noch,
solange sie können

Nachdem wir uns gegenseitig vorgestellt haben, sagt Dieter: »Wir senn midnander schon hunnerdvierdsich«. Was man ihm und seiner Frau nicht ansieht. Dass die beiden im Gespräch immer wieder fröhlich lachen, werde ich jetzt nicht ständig wiederholen, das kann sich jede und jeder selbst dazu denken. In Anbetracht des kleinen Ladens und des kleinen Ortes will ich natürlich wissen, ob sie denn von dem kleinen Lädla leben können, und frage das auch. Und ich erfahre: »Der Laden is a Hobby, sonsd wördn wir ja verblödeln aller zwah.«

Also nicht? Sie weichen aus. »Ofdermoll senn scho Dahch dabeigwen, wosd gasochd hosd, schmeißd die Sachn hie.« Dieter denkt kurz über das Gesagte nach, und man merkt, das war ihm jetzt doch eine Spur zu viel. Nein, so sei es nicht gemeint gewesen. Also lenkt er sofort wieder ein: »Aber zuschbernn du i ned, wall mei äldere Kundschafd, die du i scho bedreun.« Worauf Hannelore sich frotzelnd nicht verkneifen kann: »Ja, mid die älderen Damen, da dudder scho immer schee.« Dass sie beide dazu lachen, wollte ich ja nicht mehr schreiben.

Aber es gibt noch einen weiteren Grund, warum sie den Laden weiterführen. Dieter: »Ich hab meiner Mudder verschbrochn, ich 119

mach den Ladn zehn Jahre weider.« **Das war vor zwölf Jahren an ihrem Sterbebett.** »Und edds hammer uns durchgerunger hald, solange wirs gsundheidlich noch schaffm, machmersch. Wir machns ja ah den aldn Leud zulieb, senn ja vill äldere Leud doh, achdsich Johr, neindsich Johr, die kummer und sohng, wo sollmer hiegeh, ne.«

Und dann beantworten sie mir doch meine Frage: »Also reich werdmer mibm Lohdn ned, grohd, dass die Unkosdn hald rauskummer, aber draufzohln demmer ah ned.«

Ein Laden mit langer und vielfältiger Tradition

Dass der Laden schon eine sehr lange Geschichte hat, sieht man ihm von außen – mit seinem aluminiumgefassten Schaufenster und dem verklinkerten Erdgeschoss – absolut nicht an. Aber er ist schon in der fünften Generation von der Familie betrieben. »Also so seid sibzeahhunnerd unner boar«, so genau weiß man das nicht, und immer im selben Haus. Allerdings: »Des is scho zwahmoll umgabaud worrn.« Gegründet wurde der Laden ursprünglich unter dem Namen *Tauwald*, dann lief er zwei Generationen unter dem Namen *Grießhammer* und seit zwei Generationen jetzt unter dem Namen *Köhn*. »Die Mudder wor a geborene Grießhammer.«

Während wir uns unterhalten, kommt das Gespräch unvermeidlich immer wieder auf »die alten Zeiten«, in denen der Laden noch »gebrummt« hat. Obwohl er bei Weitem nicht der einzige am Ort war. Früher, so erfahre ich, gab es im kleinen Ahornberg insgesamt fünf Lebensmittelhändler, vier Wirtshäuser (von denen noch zwei existieren), dazu zwei Metzgereien (die es beide heute noch gibt), »zwah Bäggn« (von denen noch einer offen hat), »ner hammer an Schmied ghabd, an Frisör, an Schusder, a Schneiderei, wos gibd. Hamm alle aufghörd.« Der letzte Lebensmittelladen hat vor circa fünfzehn Jahren geschlossen.

Diese Vielfalt an Unternehmen in Ahornberg aber hatte Gründe: »Wir ham ja drundn die große Weberei ghabd, da worn ah drei-, vierhunnerd Mann beschäfdigd, die ham do bei uns eikaffd, a Brauerei war do mid dreißich, veaddsich Mann, hod ah zugamochd, des is uns

⬆ Jede Menge Süßigkeiten
für Gaumen und Haut

⬆ Ob die noch irgendwer vollschreibt?
Stifte dazu gäb's genug

alles weggabrochn. Die Leud fahrn in die Schdadt zum Arbeidn und
bringer sich des Zeig mid. Des senn nur die boar Aldn, wu doh senn,
und die, wo hald was vergessn ham.«

Wenn man sich den kleinen Laden ansieht, mag man überhaupt
nicht glauben, was hier einst noch so alles untergebracht gewesen
sein soll. Zum Beispiel auch ein landwirtschaftliches Lagerhaus, »Ge-
treidehandl und Kunstdunghandl«; das aber haben die Köhns Anfang
der 1980er-Jahre aufgegeben. Dazu ein Getränkehandel, »aber des is
alles weggabrochn. Mid die Preise vo die Großmärgde könner wir ned
midhaldn. Mir ham ofdermol zwahhunnerd Käsdn Limo verkafd die
Wochn, des is alles weggebrochn.« Und dann gab es »daneben« natürlich noch das übliche Sortiment eines Dorfladens. »Da hammer
hald ah so Haushaldswarn ghabd und alles, Döbbfe, Nägel und die
ganser Wor, Kuhkeddn für die Viecher, Schaufln … na ja, früher hammer hald a vielleichd den fünffachn Umsadds gamochd wie jetzt, es
gehd hald niggs.«

Wehmut? Fehlanzeige. Schöne Erinnerungen? Ja. »Früher wor ja
124 noch der alde Ladn, da hads no die Heringstonner gehm, Fisch so

ausm Fass raus, Sauerkraud ausm Fass raus, des gansa Zeuch. Des wor a schöne Zeid, und vor allen Dingen: Die Leud warn hald noch ans Dorf gebundn, da hads kanne Großmärgd gehm.«

Heute haben die Köhns ihr Angebot neben den Lebensmitteln für die Grundversorgung reduziert auf Produkte, »wies hald aufm Dorf gebrauchd wird, des gansa Zeuch. Des senn ofdermoll so Dinge wie Mäusefalln. Alles so, wos im Großmargd ned gibd. Ofdermol kummer Leud und frohng ›Des müssersd du doch noch hom‹«, und damit meinen sie Dinge wie Stopfgarn, Wolle, Reißverschlüsse oder eben Mausefallen – Dinge, die man in der Stadt meist nur noch im Fachhandel bekommt. Und die finden sich dann auch irgendwo. In einer Schublade, in der Nebenkammer, die bis unter die Decke vollgestopft ist, in irgendeinem Karton … Wenn man in dem kleinen Laden steht, bekommt man sofort Lust, zu wühlen und zu kramen. Zumindest mir geht es so. Denn in den dicht gefüllten Regalen, den Stapeln in der Nebenkammer und den diversen vergilbten Kartons dort gibt es ganz sicher noch manchen Schatz zu entdecken.

⬆ Das Sortiment spiegelt die Nachfrage im Dorf – und ein Eierlikörchen geht immer

Doch Dieter Köhn ist mit seinem Bericht noch nicht am Ende, man hatte ja nicht nur den Laden: »Landwirdschafd hammer aach noch gahabbd aller zweh«, nämlich bis vor vierzig Jahren, mit acht Milchkühen und ein paar Schweinen, dazu elf Hektar Land, die auch noch bewirtschaftet werden mussten – für Getreide, Kartoffeln, Rüben, Heu, »alles fürn Eigenverbrauch«; und »in die Arbeid binni aach noch gegganger nehmbei«, schließt er seine Aufzählung ab. Er war lange Jahre als Lagerist bei *BÄKO*, *Edeka* und *Dennree* tätig. »Vill Arbeid.«

Ob es denn einen Nachfolger gebe, will ich wissen. »Nach uns nemmer.« Sohn Thomas hat die bekannte *Bio-Metzgerei Max* in Hof, der jüngere Sohn Heiko ist gelernter Schreiner und Tochter Michaela ist Lehrerin.

Eine seltene Spezialität: Stockfisch

Irgendwie kommen wir noch einmal auf die Salzheringe zu sprechen, die sie im alten Laden noch direkt aus den Fässern heraus verkauft haben, und ich erfahre, dass man die Heringe damals auch selbst geräuchert hat. Im Räucherofen im Keller, »immer die Mondoch. Die senn dann erschd gewässerd worrn, dann geräucherd.« Zuständig dafür war, wie so oft auf dem Land für derartige Tätigkeiten, die Großmutter: »Geräucherd hod masdns die Großmudder. Die wor im Keller gsessn, do mussder hald die Nachd über senn, wall wenn ahner runderfälld, dass ned des ganser Zeuch dann verbrennd und durchn Ofn naus …« So war das. Die Oma hat man in den Keller gesetzt zur Nachtwache. »Mussdmer hald immer aufpassn.«

Überhaupt scheint Fisch eine große Leidenschaft des Hauses zu sein. Nicht nur, dass Dieter auch noch ein paar Fischweiher hat, unter anderem mit Karpfen und Hechten – »aber nur zum Fischen«, also nicht für den Verkauf. Die Köhns machen auch noch Stockfisch. »Wasmer nu machn, is auf Osdern Schdoggfisch. Des is da a Delikatess. Des gehd von Mitte, Ende Januar bis Gründonnerschdohch, aller vierzeah Dohch bragdisch. Wall die müssn ja soundsolang gewässerd wehrn. Und do brauchmer ned bloß zwa Stück.«

Den Stockfisch beziehen sie aus Norwegen, »von de Lofohdn. Des senn so halbe Zendner, gederrd. Dann mussdse ausziehng, küchnfertig machn, zwaerhalb Zendner gedroggnd insgesamd jeds Joar. Des is scho a Schdingerei dann die ganse Zeid do im Haus.«

»Die Schwiechermudder hod immer gsachd: ›Ihr müssd zwei Ohrn hom. Ahns für drühm nei und ahns für auf der annern Seidn drühm naus.‹ Es werd hald vill geredet, wir senn hald aufm Dorf. Die ann schdehn doh und schüddn ihr Herz aus, und dann hasds ›Soch fei niggs, soch fei niggs‹, und dann kimmd der Näggsde und sochd es selbe und dann ah ›Soch fei niggs, soch fei niggs‹. Am Dorff kennd hald jeder jedn, und es gibd vill Verwandtschaft, do mussd aufpassn, wemsd wos sagsd.«

⬆ In einem Eck eine komplette Schreibwarenhandlung

⬆ Kleine Mitbringsel für die Enkel?
Bitte schön!

⬆ Oder ist die Naht aufgeplatzt?
Welche Farbe soll's denn sein?

Mit der »Schdingerei« ist Hannelore Köhn nicht einverstanden und protestiert: »Die schdingn ned, die riehng.«

Täglich geöffnet, auch sonntags

Wer das *Dorflädla Köhn* einmal besuchen will: Es hat täglich geöffnet »vo siehm bis ummer dswah durchgehnd, kein freien Tag hammer, auchn Sonndoch hammer offm, halb elfer bis zwölfer. Wall die Kirche is und noch der Kirche denners eikahfm. Die Bildzeidung.«

Früher war Sonntag hier übrigens der Großeinkaufstag, da wurde am Vormittag manchmal mehr verkauft als an jedem anderen Tag. »Wall die Kirche noch voll war. Des warn die Leud vo siehm Dörfer ausrum, die gehörn zur Kirchengemeinde. Do warn vill Bauern dabei, die senn bloß nach der Kirche eikaafm. Die Mannsbilder senn ahns dringn ganger und die Weiber hald eikahfm. So wors hald früher.«

So rüstig, wie die Köhns noch sind, und so viel Freude, wie sie an ihrem Laden noch haben, wird es ihn wohl noch eine Weile geben. Wie hatte es Hannelore Köhn eingangs gesagt: »Der Laden is a Hobby, sonsd wördn wir ja verblödeln aller zwah.« Bleibt zu hoffen, dass das noch nicht so bald eintritt. Die Bezeichnung sowie das zugehörige Ladenschild *Dorflädla Köhn* haben ihnen übrigens die Dorfjugend verpasst und gestiftet. Damit sie auch weiterhin für das Dorf da sind. ⌇

Beim Schmooler

»Psychologe, Krankenschwester, Mülleimer«

in Gräfenberg

Vor nahezu 120 Jahren, exakt anno 1902, gab es im Haus Nr. 75 im oberfränkischen Ermreuth (ein bis heute nicht allzu großes Örtchen »hinterm Berg« bei Neunkirchen am Brand) einen kleinen Gemischtwarenladen. »Kolonialwarenladen« oder »Spezerei« wurden solche Geschäfte damals genannt. In ihnen waberten die wildesten, oft auch geheimnisvoll anmutenden Duftmischungen. Gefühlt die ganze Welt war hier in Düften vertreten. Kein Wunder.

Der Laden im kleinen Ermreuth etwa führte für die örtliche Bevölkerung Haushaltsartikel, Geschirr- und Eisenwaren, Farben, Lacke, Petroleum, Werkzeuge für die Landwirtschaft, irgendwann auch den ersten Kunstdünger, dazu Zucker, Salz, die »Spezereien« Pfeffer, Muskat, Nelken und Zimt, alle Gewürze für die Hausschlachtungen, Zichorie als Malzkaffeegrundstoff, Kristallsoda zum Wäschewaschen, Kernseife fürs samstägliche Bad, schließlich Seilerwaren, Peitschenstöcke, Salzheringe und Sauerkraut aus dem Fass. Und, zur Weihnachtszeit, auch Lebkuchen und Spielwaren aus Nürnberg. Das kleine Haus war das ganze Jahr über bis unters Dach mit Waren vollgepackt, die sechsköpfige Familie, die den Laden betrieb, bewohnte nur einen einzigen Raum. Wasser holte man sich am Dorfbrunnen, zum … ging man aufs Plumpsklo gleich neben den Petroleumfässern. Kein Wunder, dass es im Laden wild und abenteuerlich duftete.

Nahezu alle Waren kamen per Bahn im fünf Kilometer entfernten Igensdorf an, wurden mit dem Pferdewagen abgeholt und später an die Kunden frei Haus per Huckelkorb oder Schubkarre ausgetragen.

Im genannten Haus Nr. 75 kam am 30. Januar 1903 Georg Wölfel zur Welt. 1913 zog die Familie samt Warenlager um ins Haus Nr. 66 – aber nicht, um mehr Raum für die sechsköpfige Familie zu haben, sondern für mehr Platz für die Waren. Man bewohnte nach wie vor nur einen einzigen Raum.

Georg gründete später den heutigen *Edeka Wölfel* am Marktplatz in Gräfenberg, bei dem wir jetzt zu Besuch sind –, und er hinterließ einen einzigartigen Schatz: das Büchlein *Ein Achtzigjähriger erinnert sich*. Georg Wölfel schrieb es gegen Ende seines Lebens auf dem Krankenbett handschriftlich nieder, und seine Enkelin Hannelore hackte es irgendwann später in die Maschine. Es existiert in einer Gesamtauflage von 6 – in Worten: sechs! – Exemplaren, und ich durfte eines davon für unser Buch einsehen.

Als wir bei den Wölfels sind, ist im Laden gerade »tote Hose«. Warum? Weil die Meteorologen vor Sturm Sabine gewarnt hatten, der durchs Land toben sollte. In Franken aber wehte dann eher nur ein Sabinchen. Trotzdem waren bayernweit Schulen und Kindergärten geschlossen, die Schüler blieben als Kunden aus, die Mütter mussten daheim die Kinder betreuen und konnten nicht zum Einkaufen, und so hatten wir viel Ruhe zum Reden.

Doch bleiben wir noch ein Weilchen in der Vergangenheit. Im Zeitraffer. Georg Wölfel ging in Ermreuth sechs Jahre lang in die zweiklassige Schule und begann im April 1919 in Nürnberg seine Lehre; ab 1928 suchte er in Nürnberg ein Geschäft, das er übernehmen könnte, um sich selbstständig zu machen – in durch die Weltwirtschaftskrise alles andere als rosigen Zeiten. Wohl auch deshalb entschied er sich kurzfristig noch um und übernahm im Juni 1929 einen kleinen, damals abgewirtschafteten Laden in Gräfenberg. Hier versprach er sich eine bessere Zukunft.

Ab da ging es Schlag auf Schlag: Schon einen Monat später heiratete er im Ermreuther Schloss, wo seine Schwiegereltern wohnten – jenem Schloss, das sich heute einer eher zweifelhaften Berühmtheit erfreut, alldieweil dort der Altnazi Hoffmann, dem es heute gehört, ganz schamlos von Staatsstütze lebt –, und bereits am 1. August desselben Jahres eröffnete er »sein« Geschäft am Gräfenberger Marktplatz. Nach kurzer Zeit schon war er in der Umgegend

Bis unters (spitze) Dach voll mit Waren ➡

als »Schmoolersgirch« bekannt. Der Grund dafür: Es gab damals in Nürnberg ein Kaufhaus namens *Schmoller*, in dem es quasi alles zu kaufen gab. Und da man beim Georg ebenfalls alles bekam, nannte man ihn den »Schmoller von Gräfenberg«, in der hiesigen Aussprache eben »Schmooler«. So kam's auch zum Hausnamen Schmooler – den der Laden bei den Alten am Ort bis heute hat. »Wennsd in Gräfmberch was braugsd, ner gehsd zum Schmooler.«

Der damalige Verkaufsraum maß ganze sechs mal acht Meter. Die Wölfels führten im Großen und Ganzen wieder im Sortiment, was es auch in Georgs Elternhaus schon gegeben hatte. Kurz darauf kam noch ein Großhandel mit Tabakwaren hinzu, 1931–1933 folgte der erste Umbau, um Platz zu schaffen für Textilien, Trachten, Arbeitskleidung, Wolle, Nachtwäsche, Strumpfwaren und so weiter, da war der Schmooler längst eine Institution.

1930 hatte Sohn Erich das Licht der Welt erblickt, er übernahm später das Geschäft, baute das Sortiment weiter aus und eröffnete eine zusätzliche Filiale in Obertrubach. Anfang 1991 schließlich verstarb Gründer Georg Wölfel, zehn Jahre nach seiner Frau. Früh schon aber hatte er seinem Enkel Armin das Versprechen abgenommen, dass dieser den Laden einmal weiterführe. »Entweder du machst die Lehr bei mir, oder ich mach zou.«

Deshalb gibt es heute den *Edeka Armin Wölfel* am Marktplatz in Gräfenberg; aber auch, weil die heutigen Besitzer, Armin und seine Frau Brigitte, mit Herz und Seele Kaufleute sind und Spaß haben am Geschäft – an genau dieser Art von Laden. Das spürt man in jeder Minute, in der man bei ihnen im »Supermarkt« ist. Die Stimmung ist gut, und es wird viel gelacht und gescherzt, sowohl mit den vier angestellten Frauen, die sich die Dienste teilen, wie auch mit den Kunden. »Ich hob a Kundin, zu der sohchi, wenns gehd: ›Ade, du alde Schrabbnelln!‹ Und wennis ned sohch, ner is mer bees.«

Der Laden ist eine
einzige Höhle

Ich selber habe den Laden vor Jahren einmal zusammen mit meiner Frau bei einem Ausflug nach Gräfenberg kennengelernt, also als Tourist, »Touristen kahfm im Sommer vill, ah die vom Seidlassteig – auf diesd manchmoll verzichdn könnsd« (weil sie meist betrunken seien

⬆ Chef Armin freut's, wenn die Kasse klingelt ...

⬆ ... und Chefin Brigitte bedient sichtbar gerne

und sich entsprechend benehmen), und war sofort fasziniert. Hier betritt man eine Höhle, im positiven Sinn. Enge, lange Gänge, Regale, dicht bepackt bis unter die Decke, »mir ham so fümf- bis seggstausend Broduggde, ihch habs nunni durchzähld, und in der Kasse siggsdes ja ah ned«, auf, wohl gemerkt, 180 Quadratmetern Fläche. Das ganze Haus, bis hinten hinein ins Rückgebäude und hinauf in den ersten Stock, ist vollgestopft mit Waren. Jeder Quadratzentimeter wird als Lagerfläche genutzt. So ähnlich muss es schon in Ermreuth beim Urgroßvater ausgesehen haben.

Beim Wölfel gibt es wirklich alles, von der Klobürste über Aroniabeerensaft, Zeitschriften, Socken, Chiasamen, Putzlappen, Biomüsli, Obst, Gemüse, eine kleine Theke mit Wurst und Käse, »doh hammer echde Schbedsialidehdn wie an Comté oder Tomme de Savoie. Da had ahner vom Bersonohl gsachd, wie der Käs es erschde Moll kummer is: ›Denn kömmer ned verkahfm, der is ja total verschimmld.‹« **Armin lacht.** »Dass so hochbreisiche Sachn doh gehn, des hob ihch ah ned dengd.«

»Wo edds es Obsd is,
doh hammer früher so
Haushaldszeuch ghabd,
und da hads ja die Nachdhofm
nu gehm, also die Nachd-
döbbf. Und unsere Glanne,
die woar damals grohd so
am Sauberwern. Und da kommds
vor, die Oma war an der Kasse,
doh kummds ganz schdolz mid
ahn Nachdhofm und sachds:
›Oma, schauermol.‹
Doh hadds hald an Zollern
neighängd.«

⬆ Ob das Geschenkpapier für das Streusalz gedacht ist?

⬆ Die gesamte Weltregenbogenpresse wartet fein sortiert auf

Armin probiert immer wieder mal etwas Neues, behält im Sortiment, was geht, und sortiert die Ladenhüter aus. »Ofd kummer die Leud, bringen Broduggde mit, zeigens, dann hol ich die auch rein, wall ich will ja für die Kunden da sein.« Der *Tomme* (»Domm«) ist inzwischen übrigens sein Lieblingskäse.

Was sich außerdem noch in dieser Höhle findet: eine »Baggschdadsiohn«. So gibt es täglich verschiedene Sorten frisch aufgebackener Brötchen.

Ein ständiger Kampf ums Überleben

Der Laden laufe, so Armin und Brigitte, schon noch gut – auch weil sie gemeinsam mit Schwiegersohn Christian regelmäßig zahlreiche Dorf- und Vereinsfeste in den umliegenden Gemeinden beliefern, »sonsd dähd des nemmer gehn«. Trotzdem machen ihnen natürlich die neuen Großmärkte *Rewe* und *Norma* zu schaffen, die sich am Ortsrand niedergelassen haben. »Des schbürsd scho.« Ein weiteres wichtiges Standbein des Ladens sind die Schulküchen des Schulzentrums am Ort, die hier ihre Lebensmittel ordern. »Die schicken a Mail, was brauchn, dann machmers zamm, und die Lehrer kummer und holn des Zeuch ab. Woanders müssdns des selber zammmachn, zohln, und dann schauer, dass ihr Geld widder griehng.« Eine Kooperation, von der beide Seiten profitieren.

Armins Hauptproblem in der Konkurrenz zu den neuen Großmärkten allerdings seien die fehlenden Parkplätze. »Ich bin ja bloß froh, dassmer die Edeka hamm, wall vo die Breise her, du grigsd hald die gansn Angebohde. Do biggsder dann hald die besdn Sachn raus.«

Vereinsfeste, Schulküchen, *Edeka*-Angebote – alles Gründe, warum die Wölfels positiv in die Zukunft sehen. Und auch deshalb: Kurz nach unserem Besuch hat sich Schwiegersohn Christian endgültig entschieden, den »Schmooler« später zu übernehmen und weiterzuführen. Deshalb wurde auch beschlossen, im August desselben Jahres noch einmal umzubauen und einen komplett neuen Boden einzuziehen. Es wird sich also das eine oder andere verändern.

⬆ Bei Gegenverkehr kann es Probleme geben,
hat es (unseres Wissens) aber noch nie

Viele Extras für die Kunden

Um gegen die »Großen« bestehen zu können, müsse man seinen Kunden als Kleiner mehr bieten, als sie dort bekommen, sagt Armin Wölfel. So liefert er zum Beispiel auch Einkäufe an Privatkunden aus, frei Haus. Zudem könne man, solange noch jemand im Büro ist, auch außerhalb der Geschäftszeiten in den Laden kommen. »Ofd senns amoll die Werdde, denna senn die Gurken ausgegangen, oder es fehld des oder des.« Auch aus dem Vereinsheim kämen sie hin und wieder, einer außer der Zeit, wie erst letzthin, als er schellte und klagte: »Ich hab ka Fiddserla Woschd mehr.« Alles kein Problem. Und dann muss Armin lachen: »Ofd senns ohber ah die, wo die ganse Wochn ned kummer, die siggsd du doh nie, ohber am Sunndoch ... doh hobbi dann schon amoll an Schbruch nausglassn.«

Normalerweise aber, beschwichtigt er gleich wieder, hielten sich die Kunden alle an die regulären Öffnungszeiten – die ja flexibel gehandhabt werden. Man hat zwar werktags durchgehend von früh um sieben bis abends achtzehn Uhr geöffnet, aber: »Offiziell ab siehmer, aber um halb siehmer bin ich doh, und dann schberri auf, bagg die Brödla, und dann kummer die Erschdn scho, ofdermoll ah Schüler.«

Bei so einem Arbeitstag kommt ganz schön was zusammen. Die Arbeitszeit beträgt »im Brinzib jeden Tag zwölf Stundn, am Samsdoch achd«, dazu kommen am Sonntag noch zwei bis drei Stunden fürs Büro und die Bestellungen. »Alles under sechzich Stunden is Hobby.«

Vertrauen inbegriffen

Die Wölfels, und das freut sie, können ihren Kunden vertrauen. Armin: »Ofdermoll schdehsd oh der Kassn und waafsd aweng, und dann sachd der Kunde: ›Oh, ihch muss edds gehen‹ – und dann hommsis Zohln vergessn, des kummd schommol vor.« Dann kassiert man eben beim nächsten Mal, da gibt es auch keine Probleme. Generell anschreiben lassen aber, so wie früher zu Zeiten der Lohntüten üblich, würde er heute nicht mehr, ergänzt er, denn in diesem Punkt wurde das Vertrauen auch schon missbraucht. »Anschreim gabs lang. Und ich schreib scho noch auf, wenn ahner es Geld vergessn hod, klar, aber sonsd habbis eingedämmt. Wall: Da gabs immer die gleichen.

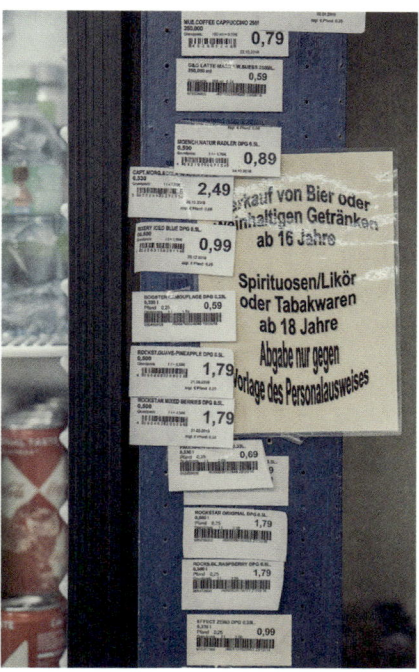

↟ Angebote über Angebote –
wer da nicht schwach wird …

↟ Jedes Plätzchen will sinnvoll
genutzt sein

Wenns a Geld ghabd ham, senns woandersch hie, und wenns gor wor,
senns widder zu uns. Oder andere senn eimfach wechzohng.«

In einem Punkt aber wird Vertrauen ganz großgeschrieben, sagt
Brigitte zum Abschluss. »In so am glann Lohdn bist Psychologe, Kran-
kenschwester, Mülleimer und noch viel mehr. Da wird alles so ab-
gladen. Da derffsd du dich ahmoll a halber Schdund hieschdelln und
dir des anhörn.« Manchmal nehme sie sogar die Leute mit nach oben
in die Küche, erzählt sie, um etwas in Ruhe zu besprechen. »Des is
manchmal richdich Seelsorge.« ℙ

20 Jahre Frauen-power

Der Dorfladen in Unsleben

Wenn damals der Bürgermeister ein Mann gewesen wäre, »wär der Laden nicht zustande gekomm, des warn wirglich die Frauen, die da zammghalden ham und des durchgeboggsd dann auf Biechen und Brechn.« Eine einfache Aussage, die aber viel, wenn nicht sogar alles über diesen kleinen Dorfladen sagt.

Dorfladen, nicht Tante-Emma-Laden? Die Frauen haben da eine klare Position: »Ma muss ned immer groß ... es isn Dande-Emma-Ladn, wir ham immer alles da«, im Gegensatz zu den allüberall wuchernden Filialen der großen Ketten: »Manchmal sindse riesngroß, und dann hamse lauder Grudschel drinnen.«

Wir sind im 935 Einwohner kleinen Unsleben im Landkreis Rhön-Grabfeld, hoch im Norden Unterfrankens. Früher, bis 1989, war es von hier aus nur ein Katzensprung zur DDR-Grenze, »hier war alles dode Hose.« Es ist die Gegend, in der Wim Wenders' 1976 veröffentlichter Film *Im Lauf der Zeit* spielte. Trotzdem – nach der reinen Lehre ist der Laden ein Dorfladen, kein Tante-Emma-Laden. Oder einer mit sechs Emmas – den sechs Frauen, die ihn betreiben. Es dürfte sogar einer der ältesten Dorfläden überhaupt sein, denn es gibt ihn schon seit 1999 – Gründe genug, die ihn für dieses Buch legitimieren. Es ist ein Tante-Emma-Laden, von der Größe her, der Buntheit, dem Sortiment, den Gerüchen und seiner Geschichte, die viel weiter zurückreicht als nur bis 1999, doch dazu später mehr.

Im Moment sitze ich mit drei der »Emmas« hinten im Büro. Ursula Müller, schon zwanzig Jahre dabei, ist momentan Geschäftsführerin und kommt ursprünglich aus dem Allgäu, was man heute noch

↑ Mitgründerin Christa Hüllmandel   ↑ Ursula Müller, schon 20 Jahre dabei

hören kann. Christa Hüllmandel, gelernte Einzelhandelskauffrau, kam 1970 nach Unsleben; sie ist Mitgründerin des Ladens – »ich bin die Alde«, hat sich aber inzwischen aus dem aktiven Dienst im Laden zurückgezogen. Sabine Bührig, inzwischen auch schon seit vielen Jahren »Emma«, hat gerade Dienst und muss immer wieder hinaus zu den Kunden.

Keine Männer …?

Ohne Frauen gäbe es den Laden nicht? Ich frage nach, was es damit auf sich hat, und erfahre: »Wenn damals der Bürchermeisder n Mann gewesen wär, gäb's den Laden nicht.« Damals, Ende der Neunzigerjahre, hatte man eine Bürgermeisterin, die – allerdings dann doch unterstützt von den Männern im Gemeinderat – die Initiative für den Dorfladen nach Kräften vorantrieb, selbst dann noch, als man in den ersten vier Jahren nur rote Zahlen schrieb. »Bei Männern müssen immer die Zahlen stimm, die sehn immer nur die Zahln«, stellt Christa Hüllmandel fest, und Ursula Müller erklärt mir, wo sie bei den Männern generell noch Ausbaubedarf sieht: »Dassmr einfach mal so da

↑ Sabine Bührig, ebenfalls seit Jahren im Team der »Emmas«

isch für jemandn, so für a Geschbräch.« Die Frauen sehen sich an und nicken.

Aber sie legen auch Wert darauf zu betonen, dass der Laden ohne die Männer nicht laufen würde. Zum Beispiel, wenn die inzwischen betagten Kühltheken wieder einmal vergessen, wozu sie da sind, was natürlich immer nur zu den unmöglichsten Zeiten geschieht. Dann nämlich kommt ein ausgefuchster Pensionist mit kühlem Kopf und kennt sich aus: »der Robert Fuchs«. Oder wenn es bei Renovierungsarbeiten im alten Haus Probleme gibt, wie schon geschehen. »Als dr Putz runtr kam, als mr tapeziert habed.« In solchen Situationen könne man sich auf die Männer verlassen; dann sind sie da – manchmal das ganze Team vom Bauhof. Ehrenamtlich, wohlgemerkt.

Auch im aktuellen Bürgermeister Michael Gottwald, einem großen Fan von Nahversorgungskonzepten, haben die Frauen einen starken Unterstützer. Er ist qua Amtes auch Vorsitzender des Vereins. Die rechtliche Organisationsform »Verein« hat man sich nach den ersten Jahren Draufzahlgeschäft gegeben. Der Verein betreibt den Laden, und der jeweils amtierende Bürgermeister ist der Chef davon, immer, »ganz audomadisch; aber der« (gemeint ist Bürgermeister Gottwald) 145

»lässd uns schalden und walden, wiemer wolln … solangs funktionierd.« Sie sind zufrieden, der Laden läuft ja.

Eine Frage aber stellt sich mir in diesem Zusammenhang noch: »Sie haben eine Geschäftsführerin, obwohl Sie ein Verein sind?« Ursula Müller klärt mich auf. »Wir ham doch ne Lottoannahmestelle. Das kann kein Verein, das muss ne natürliche Person sein.« Deshalb hat man laut Satzung jeweils eine auf sechs Jahre gewählte Geschäftsführerin.

Traditionsreiches Gebäude am Platz

Der gerade einmal siebzig Quadratmeter große Laden am Platz hat schon eine lange Geschichte, aber wie alt ist das Haus selbst? Da sind die Damen blank. Ich habe die Frage aber auch nur gestellt, weil ich die kleine Info-Tafel neben der Eingangstür gelesen hatte. Auf ihr ist zu lesen, dass das Haus bis 1932 in jüdischem Besitz war. Ein gewisser Emil Brandis hatte hier ein Geschäft geführt und dieses an einen Albert Mölter verkauft, der es weiterbetrieb – und ich dachte mir sofort: 1932, Jude und »verkauft«?

⬆ Gut erreichbar für alle, steht mitten im Zentrum Unslebens – frisch hergerichtet – das traditionsreiche Haus

↑ Gleich neben dem Eingang: die Erinnerungstafel

↑ Das Engagement war auch schon Thema in der Presse

Deshalb hake ich nach und werde aufgeklärt. Es war ein echter Verkauf, noch vor der Machtübername des Unsäglichen, und Brandis lieferte auch noch Jahre später Waren an seinen Geschäftsnachfolger Mölter. Es stellt sich überhaupt heraus, dass man sich in Unsleben – der Ort hatte eine große jüdische Gemeinde – sehr intensiv, offen und durchaus beispielhaft mit der Vergangenheit auseinandergesetzt hat. Das Ergebnis dieser Aufarbeitung ist festgehalten und für jeden unter *judaica-unsleben.de* nachzulesen. Diese Website entstand unter Anleitung anerkannter Experten, in Kooperation mit der University of Yale / USA und dem Hadassah Academic College Jerusalem, sowie mit SchülerInnen des Rhön-Gymnasiums Bad Neustadt. Auf der Seite erfährt man unter anderem, aber das berichteten mir die »Emmas« auch persönlich, dass man wiederholt Überlebende und Nachkommen ehemaliger jüdischer Mitbürger nach Unsleben eingeladen habe. Man stellt sich also dieser Zeit.

Zurück zur Geschichte des Ladens. Besagter Albert Mölter und nach ihm sein Sohn Karl samt Frau Leni führten den Lebensmittelladen in Unsleben weiter, Karl aber gab ihn Jahre später auf, zog nach München und verkaufte irgendwann das Haus »dort unten an jemandn, der investieren wollte, aber der hat sich des vorher garnet angschaut. Dann hatters hald vrmietet.«

Ralf König hieß der neue Besitzer, und der wollte das Haus alsbald wieder verkaufen, wobei ihm jedoch eher Münchener Preisniveau vorschwebte, wie man mir berichtet. »Aber hier im Zonenrandgebiet, was es früher war, da war ja niggs.« Folglich wurde nichts aus dem Verkauf. Im Laden befand sich damals lediglich noch eine Lottoannahmestelle, 147

zusammen mit einem der damals weit verbreiteten Shops des Fürther Versandhändlers *Quelle* sowie einer Reinigung. Zu der Zeit, erzählen mir die drei Damen, gab es im Ort noch ein ganz kleines Geschäft, »des war wirklich so n dodal schnuggelicher Ladn« einer älteren Frau, »nur so mit Theke, und wennde was gewolld hast, haddses hinder sich ausm Regal genomm. Der war gliddseglein. Dann haddse zugemachd, aus Altersgründen.« Und in noch früheren Zeiten habe es allein im kleinen Unsleben einmal fünf Lebensmittelgeschäfte gegeben – zusätzlich zu mehreren Bäckern und Metzgern.

Wie auch immer, irgendwann schloss dann der *Quelle*-Shop, und das Gebäude stand leer. Als dann damals auch noch der letzte Lebensmittelladen am Ort zusperrte, reifte unter den Frauen des Ortes die Idee zum heutigen Dorfladen, denn ihnen war wichtig: Die Grundversorgung im Ort muss weiterhin gewährleistet sein.

Gesagt, getan. Sie mieteten den Laden, und los ging's. »Wir ham gesagt ›Hopp oder Top‹, und es hat letztlich funktioniert.« Mit Anlaufschwierigkeiten in den ersten Jahren, wie oben erwähnt. Dann aber gründete man den Verein und kaufte schließlich zusammen mit der Gemeinde das Anwesen. Zu einem realistischen Preis. »Des hammer alles geschafft.« Lottoannahmestelle und Reinigung aus der »Vorzeit« führt man bis heute weiter.

Das Rätsel der »mitwachsenden Regale«

Wie passen auf siebzig Quadratmeter mehr als zweitausend unterschiedliche Produkte, »wahrscheinlich eher zweiausndfünfhunnerd«? Das ist immer allen ein Rätsel, aber die Buchführung ist bei Zahlen unbestechlich. Das Geheimnis: »Wir ham midwachsende Regale«, feixen die drei Frauen am Tisch. Beispiel Drogerieartikel: »Früher gabs dort unten noch nen Schlegger, da hammer des Angebod vo dem wenich gehabd.« Der *Schlecker*-Konzern ist mittlerweile pleite, und die Kinder des Ex-Drogerie-Königs Anton Schlecker, Lars und Meike, sind wegen Untreue, Insolvenzverschleppung, Bankrott und Beihilfe zum Bankrott zu Bewährungsstrafen verurteilt. Die

☚ »Wir haben keine BiFis mehr im Sortiment,
weil die immer weg waren. Niemand hat sie gekauft –
aber sie waren immer ausverkauft …«

Drogerieartikel gibt es jetzt hier. »Middlerweile hammers auch mid drin« – aber es wurde dafür nichts rausgenommen aus dem Sortiment. »'s is immer wieder ein Wunder, dassmer en neues Produkt reinnimmt, und des auch noch wieder reinpasst. Irgendwie findmer immer wieder nochn Platz.«

Natürlich geht es eng zu, »jedes Eggerle wird genudsd«, aber die Grundordnung ist seit Jahren dieselbe. »Es gibt welche, die kommen aus Bad Neustadt, vielleicht alle vier Wochen, und die sagen, ›bei euch weiß ich, wo was steht, ihr stellts nicht alle vier Wochen um.‹ Die gehn einmal durch und ham alles, was sie brauchen, es muss ja auch immer schnell gehn, und die sagen, ›bei den großen Läden, da muss ich erst fünf Gänge durchlaufen.‹«

Trotzdem: Demnächst wolle man vergrößern und in die Scheune im hinteren Bereich eine Kühlzelle einbauen. Viel davon wieder in Eigenleistung und aus Eigenmitteln, »wir ham scho viele, wo uns unterstützn.«

⬆ Das unerklärliche Wunder von Unsleben –
die mitwachsenden Regale

⬆ Schlicht und einfach, aber begehrt und hoch verzinst:
die Unslebener Dorftaler

Dorfladentaler mit fünf Prozent Zinsen

Eigenmittel haben sie vor etlichen Jahren auch gebraucht, als das
große Scheunendach des Anwesens repariert werden musste, »da
brauchten wir ja a bissl Geld.« Und die Dorfgemeinschaft war findig:
»Zum Zehnjährigen haben wir den Dorfladentaler ins Leben gerufen.«

Man hat einfach eigenes Geld geprägt, und zwar Taler zu fünf und
zehn Euro. Die konnte jeder kaufen und dem Laden damit Kredit geben. Die Taler wurden mit fünf Prozent verzinst, heißt, die Leute
»ham zum Beispiel tausend Euro gegehm und tausendfünfzig in Taler
bekommen.« Die Aktion war auf zehn Jahre festgelegt, »des is edds
rum. Aber damit hammers Dach damals finanziert.«

Wie sie auf die Idee gekommen sind? Der zweite Bürgermeister,
Wolfgang Geisler, hat sie gehabt und auch das Konzept dafür erarbei-
tet. »Das hat auch Kundenbindung gebracht«, ergänzen die Frauen,
»war ja auch lukrativ. Da hädden sich später gern noch welche eingekaufd, es gab ja keine Zinsen mehr.« Sie freuen sich noch heute über
diese Idee. »Des hat uns sehr geholfen, wir war'n hald flüssig.«   151

⬆ Da geht's lang zu den Produkten des guten Gewissens,
sie werden immer stärker nachgefragt

Viel Engagement auch über den Laden hinaus

Das Engagement der Frauen für Laden und Ort geht tiefer und reicht
weiter zurück, stellt sich im Laufe des Gespräches heraus: Jede Ein-
zelne setzt sich dafür ein, dass es, so wie bisher immer, alles im Ort
gibt und man nicht fahren muss. Für »Emma« Christa Hüllmandel
– »ich bin '70 hergekommen« – war genau das vor Jahren schon ein
entscheidender Grund, überhaupt hier ansässig zu werden, wie für
viele andere Einwohner Unslebens auch. »Das ging schon früh los,
waren Leute in meinem Alter, die ham hier Häuser gekauft und hergerichtet und renoviert, des warn teilweise noch Studendn oder äh,
die Frau war Lehrerin. Oft warns auch Leute, die in Mellrichstadt arbeiten oder in Bad Neustadt, mit Kindern, aus dem Grund war Unsleben auch immer attraktiv, damals auch für mich als junge Mutter,
weil's im Ort alles gab. Geschäfte, Hausarzt, Apotheke, alles. Weil
dann brauchst du kein Auto und so.«

   Die Frauentruppe engagiert sich auch generell für den Ort, sie or-

ganisiert beispielsweise den weit über die Grenzen Unslebens hinaus

⬆ Extra für den Dorfladen kreiert: Unslebener Fairkaffee

⬆ In Franken natürlich Frankenwein, weil gut und regional

bekannten *Novembermarkt*; »also heuer entfällder hald wechn Corona.« Die Erträge daraus ließen sie schon in die Erhaltung des Kreuzwegs fließen wie auch in die Renovierung der Dorfscheuer, einer ehemaligen Zehntscheune und jüdischen Synagoge, die jetzt für Veranstaltungen genutzt wird. Auch die Restaurierung des Friedensengels haben sie unterstützt. Dieses Denkmal steht schräg gegenüber dem Laden und erinnert an den Deutsch-Französischen Krieg 1870 / 71. »Deshalb vertragmer uns auch alle so gut hier.«

Bleibt noch zu erwähnen, dass ein nicht geringer Teil des Sortiments regional, bio, auch sozial und/oder fair gehandelt ist. Aus Überzeugung. »Unsleben isn grünes Dorf, die Kundschaft ist stark vertreten hier, und die haben uns auch immer sehr unterstützt.« Und: »Wemmer selber auch sowas vertritt, dann verkauft sich's auch.«

Einkaufen kann man im Dorfladen übrigens Montag bis Freitag von 8 bis 13 Uhr und von 14.30 bis 18 Uhr, samstags von 7.30 bis 12.30 Uhr – und außerhalb dieser Zeiten, wenn man zu einer der Damen, die im Besitz eines Schlüssels sind, einen guten Draht hat. ⑃

Nur mit Ideen
kann man überleben
BEIM »KAUFMANN«
in Großgarnstadt

»Also es is gans viel Arbeit, muss ich sachn, gaans viel« – und trotzdem steht Stephanie Schubert an sechs Tagen in der Woche in ihrem *Garnstadter Dorfladen*, den eigentlich alle nur *Bäckerei Carl* oder schlicht *Beim Kaufmann* nennen. Ob sie, der noch zwei Frauen im Tagesgeschäft sowie ihr Mann helfen, davon leben kann? Sie lacht. »Der Steuerberohder sochd immer, des is a Steuersparmodell. Und die Edeka rechneds eim ja immer vor: A schwarddse Null schreibd man ab fümfhunnerddausnd Umsatz, davon lebm kann man ab siebmhunnerddausnd – und ich bin bei zweihunnerd. Ich sag immer, ich sehs als sozialen Treff an.« Wenige Worte, die aber die Situation fast aller Tante-Emma-Läden auf den Punkt bringt.

Wie viele Kunden sie denn noch habe? »Keine Ahnung, aber wenn ich davon ausgeh, wie vill Weihnachdsgschenge ich hab, dann senn des so zweihunnerd.«

Das kleine Großgarnstadt gehört zu Ebersdorf, rund zehn Kilometer südöstlich von Coburg im hohen Nordwesten Oberfrankens. Wikipedia schreibt zu Großgarnstadt beinahe schon poetisch: »Der Kernort des Haufendorfes liegt in einer Mulde, die vom Schneybach durchflossen wird. Er ist durch geschwungene Straßenverläufe, an denen sich giebel- und traufständige Gebäude wechseln, gekennzeichnet. Typisch sind große Hofanlagen mit zweigeschossigen ehemaligen Wohnstallhäusern und steilen Satteldächern.« Man kann es aber auch so sagen: Der Ort ist schön und liegt an einem Osthang, der sich hinunter zum Schneidelbach zieht, einem vielleicht drei Kilometer langen Rinnsal, das sich mit dem Schmierenbach und dem Höllgraben

◄ Kurzes Päuschen in der Backstube: Stephanie Schubert führt den Laden ihrer Eltern weiter

zum Röderbach vereinigt und dann als Schneybach bei Lichtenfels in den Main fließt.

Schnell noch ein zweites Zitat aus dem Wikipedia-Artikel: »1925 hatte Großgarnstadt 441 Einwohner, von denen 440 evangelisch waren.« Und der oder die einzige Nicht-Evangelische? Steht leider nicht da. Schade, aber heute hat Großgarnstadt jedenfalls um die 650 Einwohner, und »wennermol die Neubaugebiede ferddich senn, sinds villeichd widder hunnerd, hunnerdfuchzich mehr.«

An der Pfarrkirche der Evangelisch-Lutherischen Gemeinde kann man sich auch orientieren, wenn man als Ortsfremder zum Laden will: Man findet ihn direkt unterhalb des sich sandsteinern schwer und wie mit eingezogenen Schultern an den Hang buckelnden Gotteshauses. Seit Ende des 19. Jahrhunderts, exakt seit 1889, gibt es den Laden schon. Warum man sich an der Kirche orientieren sollte? Weil das zweistöckige »traufständige Gebäude«, in dem sich der *Dorfladen Carl* befindet, mit seinen Symmetrien und seinem großen Satteldach auf den ersten Blick eher wie ein altes Schulhaus wirkt und kaum etwas auf den Laden hindeutet – außer einem kleinen Aufsteller, der vor dem Haus an der Kurve steht, und einem Eisfähnchen am

⬆ Seit über 130 Jahren gibt es den Dorfladen schon

⬆ Für die Dekoration des Ladens
ist nicht viel Platz

⬆ Ladenmanagement via Tablet,
Telefonieren ganz oldschool

hölzernen Vorbau rechts. Durch diesen Vorbau geht es direkt hinein ins bunte Reich von Stephanie Schubert – und immer wieder frage ich mich: Wie behält man auf so engem Raum, zwischen Fahrrad-flickzeug, Schuhcreme, Zeitschriften, Obst, Putzmitteln, Apfelmus, Flaschen, Pralinen, Kurzwaren, Konserven, Brot und, und, und, nur den Überblick? Bis hoch unter die Decke ist jeder Quadratzentimeter genutzt, und keine zwei gleichen Produkte stehen nebeneinander.

Jetzt sitzen wir, Stephanie Schubert, jung geblieben und voller Energie, und ich, am großen Tisch in der Küche. Von hier aus führt, so wie es sein soll, eine Tür direkt in den Laden. Am anderen Ende des langen Tisches sitzt Sohn Paul und sortiert, zählt und stapelt Münzgeld. Vor Stephanie auf dem Tisch liegt ihr Tablet. »Des hob ich vor Jahrn mal gewonnen. Da hab ichs meinen Kindern gegeben, weil ich gadochd hob, des brauchi doch garned. Und jetzt geht's überhaupt nicht mehr ohne. Rechnungen, Bestellungen, alles.« Die »neue Zeit« macht eben auch vor den kleinen Tante-Emma-Läden nicht halt.

Es ist an einem Donnerstag um halb zwei, eigentlich hat der La-den längst geschlossen, und Stephanie, Mutter von vier Kindern, wä-re nicht mehr da, sie selber wohnt nicht in Großgarnstadt, nur ihre Eltern wohnen noch im Haus – die aber lassen sich, typisch fränkisch,

zum Gespräch nicht blicken, weil sonst könnte man sie ja etwas fragen. 2012 hat Stephanie den Laden von ihnen übernommen.

Ob es denn geplant war, dass sie den Laden weiterführt? Sie lacht. »Dass ich dess Gschäfd übernemm? Nie im Lebm!« Stephanie wollte 2018 sogar schon einmal ganz aufhören. Dann aber hat im Nachbarort eine Bäckerei geschlossen, damit ist der Belieferer der Schule weggebrochen, »ner hommer des angfangen«, und sie hat weitergemacht. Es gehe halt nur, wenn man flexibel sei, immer wieder etwas Neues mache und sich etwas einfallen lasse. Ganz wichtig fürs Überleben aber, sagt Stephanie, sei auch die Kooperation mit dem *Edeka*-Konzern, der den Laden schon seit den 1980er-Jahren beliefere. »Edeka-Angebohde hammer, gaans wichdich, dassmer Ohngebohde ham, sonsd kummer die Leud ja gorned.« Ein Satz, der, wie ich in meinen Gesprächen immer wieder erfahren musste, eine von Egoismus durchwachsene Wirklichkeit spiegelt: Viele Kunden von heute schließen beim Einkauf nur einseitige Deals ab, für sie zählt fast ausschließlich der Preis. Dass sie aber an den Läden vor Ort noch viel mehr haben, machen sie sich kaum bewusst.

Regional so viel wie geht, zunehmend auch bio

Von *Edeka* bezieht Stephanie viel Obst und Gemüse, etliches aber auch vom Großhändler, denn der »bringd hald manchmol auch an einzelnen Solohd«; Kartoffeln und Eier kommen von Bauern aus dem Ort, die Würste für die Bratwurst im Schlafrock, die sie selber bäckt, ebenfalls vom Metzger von hier, »dassmer weng Broduggde ausm Dorff verkaufn«, auch die abgepackte Aufschnittwurst für die belegten Brötchen, die restlichen Wurstwaren jedoch wieder von *Edeka*, weil: »Des gehd dann widder auf den Jahresumsatz, und damit wird's billicher …« In diesem Punkt kämpft Stephanie sichtlich gegen einen ständigen Zwiespalt: »Ähh, da bin ich dann … des dud mer scho ah leid, ich däd oftmals viel lieber mehr rechional nehmen, nä, aber die Bank frochd ned, wo es Geld herkommd, da müssn die Zahln bassn. Es is wirklich schlimm, dass immer so a Kosdndruck da is, es gehd immer nur ums Geld, also des is echd schod.« Und während sie das mit

🔖 Ein Laib Brot ist vom Morgen noch übrig – Käse dagegen gibt's noch mehr

spürbar echtem Bedauern sagt, stellt sie das Folgende einfach nur fest: »Früher hamm hald die Leude eimfach im Ordd eingekaufd. Dann kam die Mobilidäd, ne, und dann fährd ma hald ford, weil ma dengd, mir isses ja ned wichdich, dass ich im Ordd hier einkauf, sondern mir isses wichdich, dassi des krieg, was ich will und des rechd günsdich und breiswerd. Und mobil binnich allemal.«

Aber der Ort wächst doch, drüben entsteht ein Neubaugebiet – besteht da nicht die Aussicht auf neue Kunden? Stephanie schüttelt den Kopf. »Die fahrn alle in die Märgde, die kaufen hier nich ein, höchsdns am Samstag zum Brötchenkaufen. Aber ich sach mal, wenn die für fümf Euro Brödle kaufm, is ned viel verdiend.« Es ist so wie überall, die Leute werden erst merken, was so ein Laden vor Ort wert ist, wenn er nicht mehr da ist. Oder wenn sie alt sind, einsam und nicht mehr fahren können.

Die Kunden werden also immer weniger, und »deswechen hobbi ah nammidogs zugamochd. Früher war nur Mittwochnammidoch zu, aber des is pö a pö wenicher geworrn.« Heute hat sie Montag bis Donnerstag von 7 bis 13 Uhr auf, Freitag – »Freidoch nammidochs habbich noch auf« – von 7 bis 17 Uhr und Samstag von 6.30 bis 12 Uhr. »Ansonsdn soch ich zu denn Dorffbewohnern, ›Wenn mei schwaddser

🔺 Der »neue Ofen«, inzwischen auch schon ein paar Jahre alt

Golf im Hof schdehd, dörfder klingln'« – was dann auch prompt eintritt: Nachdem wir uns ungefähr eine halbe Stunde lang unterhalten haben, klingelt es an der Tür und ein Kunde möchte noch eines der Brote, die Stephanie Schubert am Morgen gebacken hat. Dafür fängt sie täglich um fünf Uhr früh an, samstags – zusammen mit ihrem Mann – sogar schon um vier.

Und dann sagt sie noch etwas, das ihr wichtig ist: »Wir sind ja aweng grün angehaucht.« Deshalb achtet sie beim Einkauf auch darauf, dass sie immer »aweng Bioprodukte« nimmt. Das kommt bei etlichen Kunden gut an und wird auch immer mehr verlangt – doch nicht von allen, sagt sie und kann sich ein Lächeln nicht verkneifen: »Da hob ich nadürlich scho manchmal Kundn, die sachn, ›da schdehd bio drauf, des nehm i ned.‹« Sie aber ist davon überzeugt und will den Kurs weiterfahren.

Über 130 Jahre Bäckerei-Familiengeschichte

Die Bäckerei in Großgarnstadt besteht schon in fünfter Generation. Gegründet wurde sie von Stephanies Ur-Urgroßmutter Barbara Carl zusammen mit einer weiteren Frau aus dem Ort. »Un mei Muddi had   161

*»Früher gabs ja noch
Brotmarken. Also die Bauern
ham ihr Getreide zur Mühle
gebrochd, von der Mühle
ham wir des Mehl gegrichd,
und die Bauern ham
uns quasi nur des Bagggeld
gezahld und ham dafür
Brodmargn gegrichd,
und dann is des hald
so hin und her geganger.
Aber edds, glaab ich,
schmeißns ihr Getreide lieber
nei in die Biogasanloche,
da hamse mehr verdiend.
Isso.«*

⬆ Fast schon betagt, doch alles noch täglich im Gebrauch

⬆ Wie viele Brote haben diese Bretter schon gesehen?

⬆ Neue Besen kehren gut – alte nicht viel schlechter

erzähld, die zwei Domen haddn eichendlich a Landwirtschaft im Haupterwerb, als Nebenerwerb hamse nacha Brohd gaboggen für die Dorfleud.«

Barbaras Tochter Anna, Stephanies Urgroßmutter, hat die Bäckerei dann weitergeführt, »und der erste eichendliche Bäggermeisder, des wor jetzt von meim Voddi der Voddi, der Edwin Carl«, also ihr Großvater. Er hat die Bäckerei 1939 übernommen, einen Teil angebaut und zum Dorfladen erweitert. Bis dahin lebte die Familie im Haupterwerb noch von der Landwirtschaft mit Kühen und Schweinen. In ihrer Kindheit, erinnert Stephanie sich, hatten sie noch Hühner und haben die Eier bis nach Coburg hinüber verkauft. 1963 ging der Laden an Siegfried Carl über, »des is mei Vodder«, und 2012 schließlich übernahm sie ihn, wie erwähnt, selbst.

»Früher ham wir«, berichtet Stephanie, als sie mich durch die angrenzende Backstube führt, »hier an einem Mondach zu zweit siebzich Brohde gaboggen.« Diese Menge schafft sie heute ohne ihren Vater nicht mehr, aber seit sie den Natursauerteig von *Alnatura* entdeckt hat, bäckt sie frisches Sauerteigbrot für ihre Kunden. Nur kleine Laibe bis maximal zwei Kilogramm, aber so ist die Bäckereitradition des Hauses gewahrt. Dazu kommen täglich noch frische Brötchen, »ich lass mich doh mid Teiglingen beliefern« von der *Bäckerei Sünkel* aus Lettenreuth, und ihr Vater bäckt noch Kuchen, »auch die auszochnen Krapfen und Faschingskrapfen«, zu Weihnachten auch Stollen.

Und einmal im Jahr, am 1. Mai zur Maifeier in Kleingarnstadt, kommt aus dem Ofen etwas ganz anderes: Da sind seine Fächer voll mit Spanferkel.

Lieferservice schon seit 1945

Dass man sich immer etwas einfallen lassen muss, hatte schon Großvater Edwin Carl erkannt. Er gründete 1945 einen Lieferservice. Bis in die frühen 1960er-Jahre hinein lieferten die Carls Brot und Waren noch mit dem Pferdewagen aus, und »sobald ich a Fümfbfundbrohd dragen konnd, mussd ich zum Ausfahrn mid«, zu der Zeit dann schon mit dem Auto.

Diesen Lieferservice führt Stephanie bis heute weiter. Montags und donnerstags können die Kunden bis elf Uhr telefonisch bestellen, dann beginnt die Tour. Samstags werden Frühstücksbrötchen aus-

🔥 Lieferservice von anno dunnemal: Früher brachte, frisch und lecker, mit dem Pferd das Brot der Bäcker

gefahren und an die Haustür gebracht, und ab dem späten Vormittag beladen sie ihren VW-Bus mit Kuchen, Brötchen, Obst und Gemüse, Molkereiprodukten, mit Eiern und Kartoffeln von Höfen aus Großgarnstadt und etlichem mehr und drehen ihre Runde. Fahren zu bestimmten Uhrzeiten feste Plätze an, hupen – und los geht der Verkauf. Besonders die älteren MitbürgerInnen der umliegenden Gemeinden profitieren von diesem Service.

Jeder Cent zählt bei
neuen »Geschäftsgebieten«

Nein, reich werde man trotz der vielen Arbeit nicht, lacht Stephanie, aber man könne sich über Wasser halten. Dazu hilft auch die Pausenverpflegung für die Schule. Snacks, belegte Brötchen, Obst und Ähnliches. »Da machn wir hier die Sachen ferdich, fahrn sie middem Auto rüber und verkaufen sie drüben.« Wieder ein paar Cent verdient.

Was sich sonst noch lohnt: »Platten machmer, Häbbchen, Präsentkörbe, Gschenge, des is so des, wos sich rendierd.«

»Nebenprodukt« des Pausenverkaufs an der Schule ist übrigens etwas, womit zwar nichts Großes verdient, aber doch etwas gespart ist – und damit sind wir wieder bei Sohn Paul angelangt, der vorher am anderen Ende des Tisches saß und Münzen sortierte. »Durch denn Bausnverkauf hamm mir ja ganz viel Münzgeld, und des is edds es Neuesde: Mir dunn unser Münzgeld middi andern Firmen dauschn, wall die Gebühren so hoch geworrdden sind.« Die Banken verlangen nämlich inzwischen Geld für die Annahme von Münzen. »Der Schborddverein hodd mich edds ongeruhfm, wallse Münzn brauchn, auch mid der Meddsgerei hindn dauschmer« – so ist allen geholfen, und jeder spart ein wenig. »Auch a Donkschdelle hold inzwischen des Münzgeld.«

Und dann gibt es noch etwas, worüber Stephanie nur den Kopf schütteln kann: »Die Bonk hod ja gemeind, die Kinder solln sich Bankkarddn zulechn zum Bezahln – an der Grundschule! Die Erstklässler! Und wir solldn uns dann a Dörminäl zulechn, des kost ja alles widder Gebührn – nee, hob ich gsochd, des machn wir anders.« Jetzt also fließt das Münzgeld im Kreis, und alle profitieren, nur nicht die Bank.

⬆ Kleingeld macht auch Mist, vor allem seitdem die Gebühren der Banken so hoch sind

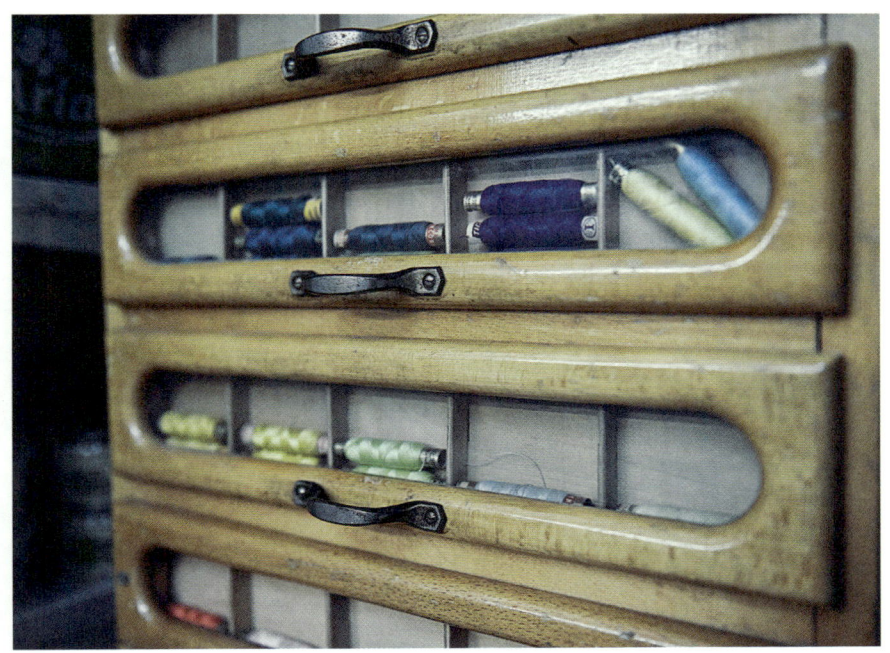

⬆ Klar, dass es in Großgarnstadt auch noch Garne gibt

Bald schon in sechster
Generation?

Der *Dorfladen Carl* wäre kein echter Tante-Emma-Laden, fände man dort nicht noch Dinge aus der alten Zeit. So versteckt sich zwischen den Tausenden Artikeln noch ein altes Kästchen mit Schubfächern und Sichtfenstern, voll gepackt mit Garnrollen in allen Farben. »Früher ging des gud, des Schdigggarn, des kauft heud keiner mehr – obwohl eine Kundin kommt immer noch.« Und dann zeigt Stephanie uns im Lager noch Kartons mit Strumpfbändern und Strumpfhalter-Clips, mit Knöpfen jeder Größe und Farbe, mit Strick- und Häkelnadeln, alten hautfarbenen BHs und Trägerbändern für dieselben, mit Färbefarben und, und, und. »Ich hebs hald auf, ich wees ah ned warum.« Man hängt halt dran – und vielleicht kommt ja in ferner Zukunft einmal jemand vorbei und fragt danach, denn Stephanie Carl denkt noch lange nicht ans Aufhören. Zudem: Sohn Paul überlegt ernsthaft, den Laden einmal weiterzuführen, er arbeitet heute schon mit und macht derzeit hier eine Ausbildung zum Einzelhandelskaufmann. Wäre doch schön ... ℙ

Tante Emma in der Kirche

DIE DORFGEMEINSCHAFT
➤ VON EICHENBERG ◄

Das gleich vorweg: Der Laden, um den es hier geht, ist eigentlich kein Tante-Emma-Laden. Er hat auch keine weit zurückreichende Geschichte. Es handelt sich im Grunde um einen klassischen Dorfladen, und auch noch um einen relativ jungen. Er wurde nach einer ersten Bürgerversammlung im September 2014, vielen folgenden Treffen und Diskussionen, der Gründung einer Unternehmens-Gesellschaft im Dezember 2016 und der Satzungsfestlegung im April 2017 eingerichtet und schließlich im August desselben Jahres eröffnet.

Warum aber wird er dann in diesem Buch porträtiert? Weil er ein leuchtendes und Mut machendes Beispiel für die Kraft einer Dorfgemeinschaft ist, die ein gemeinsames Ziel verfolgt, die zusammen gehandelt und erkannt hat, wie wichtig Nahversorgung ist und wie viel mehr sie den BürgerInnen bieten kann als ein normaler Supermarkt irgendeiner Kette.

Mehr als 20 Jahre kein Laden vor Ort

Wir sind circa zehn Kilometer Luftlinie nordöstlich von Aschaffenburg, fast schon in Hessen: in Eichenberg nämlich. Wikipedia nennt die Gegend hier »bayerischer Spessart«, dabei ist hier eindeutig Franken, auch wenn man Hessisch spricht, genauer: »Eichemicher Pladd«, wie man den Dialekt hier nennt. Das Örtchen zählt rund 800 Einwohner, liegt inmitten bewaldeter Berge und ist umgeben von ähnlich kleinen Orten, wie Feldkahl, Sommerkahl, Erlenbach oder Rottenberg und im Süden Sailauf. Wenn man in Eichenberg die Hauptstraße

◄ Essen und Trinken halten Leib und Seele zusammen –
in Eichenberg geht man zum Einkaufen in die Kirche

bergab fährt, kommt man an eine kleine Kirche, die alte Wendelinus-Kirche, erbaut 1685. Jedoch: Hier feiert man heute keine Gottesdienste mehr, sondern hier kaufen die Leute ein – und zwar nicht nur die Eichenberger, sondern auch viele aus den umliegenden Gemeinden.

»Mir hadde früher im Ordd zwo Tante-Emma-Läde, enn Meddsger, enn Bägger«, doch die haben alle Mitte der 1980er-Jahre zugemacht oder »Neunzehhunnerdneudsisch rum«, so genau weiß man das nicht mehr. Fakt ist, »mir hadde fümferneunzisch noch ne ganse kleine Emma-Lade, dann war der dischd.«

Heißt: Ganz Eichenberg war ab da gut zwanzig Jahre ohne Laden, die Dörfler hatten vor Ort keine Einkaufsmöglichkeit mehr. »Bei uns war dode Hose. Wir hadde noche Audowerkstadt, wo e bissche was los war, aber sonst koannste es Trottwa hochglabbe.«

Von der Kirche zum Lagerhaus

Ich sitze mit Tanja Glaser – sie ist gelernte Floristin, gebürtige Eichenbergerin und wohnhaft dortselbst – in der ehemaligen Sakristei des kleinen Kirchleins, heute das Büro; seit August 2018 schmeißt sie als Verantwortliche den Laden. Und natürlich will ich wissen, warum der Laden in einer Kirche ist … und erfahre: Das kleine Schiff von St. Wendelinus war fast 300 Jahre das Gotteshaus des Ortes, bis man 1950 in die am Ortsrand neu erbaute, größere St. Wendelinus umzog. Danach stand das kleinere, ältere Kirchlein fünf Jahre leer; schließlich kaufte es die landwirtschaftliche Genossenschaft *Raiffeisen*, vergrößerte es um einen Anbau und machte es zum Lager für Saatgut und Futter-

⬆ 2017 wurde die ehemalige Kirche zum Laden umgebaut

⬆ Zwischenzeitlich war sie ein landwirtschaftliches Lagerhaus

↟ Der nicht ganz gewöhnliche
Eingang in den Laden

↟ Ein Geschäft mit so einem Turm ist
vermutlich ebenso einmalig

mittel. Sechzig Jahre später stand die Kirche erneut leer, *Raiffeisen* war ausgezogen. Im Zuge der Dorferneuerung damals kaufte die Gemeinde das Gebäude – doch was jetzt damit anfangen?

Idee zum Laden kam aus der Bürgerschaft

Da erinnerten sich die EichenbergerInnen an die Zeiten von vor weit über zwanzig Jahren, als es noch ein, zwei Einkaufsmöglichkeiten im Ort gab. Wo man zu Fuß hinkonnte, wo man sich kannte, wo man sich traf, wo man tratschte und wo es alles gab. Um die Geschichte abzukürzen: Der Großteil des Ortes war einer Meinung, der Bürgermeister unterstützte die Idee eines Dorfladens nach Kräften, man holte sich professionelle Hilfe, und heute gibt es eine Unternehmergesellschaft (UG), bestehend aus dem *Fußball-Club Eichenberg*, den *Freien Wählern*, den *Fröhlichen Sängern*, dem *St. Wendelinus-Verein* und der *Dorfgemeinschaft Eichenberg*, also aus sämtlichen Vereinen des Ortes. Sie alle betreiben heute gemeinsam den Laden, also der ganze Ort.

⬆ Im alten Kirchenschiff trifft man sich heute
zum Plausch und zum Einkauf

Man sammelte über die Form von Beteiligungsscheinen in nur sechs Monaten 70 000 Euro, bekam Zuschüsse und Förderungen – allein der Umbau der Kirche kostete 240 000 Euro –, man startete Umfragen, von welchem Bäcker man Ware führen sollte, von welchem Metzger, woher Obst und Gemüse, Eier, Wein, Honig etc. bezogen werden sollten. Es gab Meinungsverschiedenheiten, verständlich, Diskussionen und Einigungen, und heute brummt der Laden.

Ein wunderschönes Beispiel für den Zusammenhalt einer Dorfgemeinschaft, denn man unterstützt sich bis heute gegenseitig und in allem: »Wir ham hier logger zehn Ehrenamtliche für alles Mögliche« – aus Eichenberg und den Nachbarorten, wobei den Tagesbetrieb vier regulär Angestellte sowie eine geringfügig Angestellte stemmen.

Klar, reich wird man dabei nicht: »Die Bezahlung is … da mussmer auchemal auf zwei Euro die Stunde verzichde und sache, ich mach was für de Ordd, fahr ned midde Audo und so. Also Idealismus gehört auf jede Fall dazu.« Man tut etwas für die Gemeinschaft. Aber »dass des von alle so gedroache wird, des iss an uns einmalich.«

⬆ Wo Saft und Honig fließen …   ⬆ Ausgezeichnet: bereit für die
natürlich regional   nächste Lieferung

Sortiment wird von der Dorfgemeinschaft bestimmt

»Wir stehn hinner jedem Produkt, was mer hier hoan«, sagt Tanja Glaser und fügt an: »Wichdich woar, dass dess hier koa Luxusgeschäfd is, sondern enn Loade fer all, fers Dorf.« Und in Eichenberg denkt man umweltbewusst, sozial und regional.

So hat man sich, auch wenn's im einen oder anderen Fall mal ein paar Cent mehr kostet, überwiegend für regionale Anbieter und Produzenten entschieden. Preise und Auswahl sind gewollt so, dass jeder hier einkaufen kann, auch Rentner oder Familien mit drei Kindern. Man bietet Grundversorgung für jeden Geldbeutel. Öle, Apfelwein und -saft, Honig, Eier, Nudeln, Ziegenkäse – alles kommt von umliegenden Höfen oder Produzenten, sogar die Gewürze sind regional, der Lieferant ist *Edora* aus Kleinostheim, »des is hier auch grad so um de Egge.«

Dazu kommt Ware von den *Weltläden* in Schöllkrippen und Aschaffenburg, »die wunnern sich immer, woas mer hier alles umsäddse«; fair gehandelter Kaffee stammt von der Rösterei *Braun* aus 173

»Chefin« Tanja Glaser ganz in ihrem Element –
welche Sorte Eis darf's denn sein?

»Ich war jetzt im Urlaub, und dodd war ich auch im Dorfflade. Und da had hald auch die Verkäuferin, die had viel gesproche, und es ging hald ned vorwärds, und da had der Mann hinner mir geschnaufd. Da sach ich ihm, ›des is im Dorfflade so, da mussma mal ne Sekunde wardde.‹«

Mainaschaff, und ein regionaler Konditor liefert bestes Speiseeis, »der Andi« schafft ständig neue Kreationen.

Nur bei den Getränken hält man sich etwas zurück, man verkauft eher flaschen- nicht kastenweise. Warum? »Weil's noch einen Getränkehändler im Ordd gibt.« Der hat zwar nur von 17 bis 19 Uhr offen, aber man will sich bewusst keine gegenseitige Konkurrenz machen, jedem soll hier sein Geschäft ermöglicht werden.

Ach nee, ich bleib doch lieber drin

Bei schönem Wetter hat man draußen einen Tisch, an den man sich für einen Kaffee oder eine kleine Brotzeit setzen und mit anderen plaudern kann. Aber wie es so ist, in einem Dorf: »Es fällt net jedem leicht, sich drausse hinzusetze un en Kaffee zu dring. Manche seddse sich liwwer inne ins Kaffee-Eck.« Der Grund: Weil sie sonst vielleicht gesehen werden, »un mer muss joa was schaffe«, da kann man sich doch nicht für alle sichtbar auf die Straße setzen, »sonst heißt's bloß, ›der oder die had niggs zu schaffe.‹«

⬆ Einrichtung und Gestaltung mit viel Liebe zum Detail
⬅ Man sieht's dem Laden an, dass er neu ist

⬆ Wenn die Handwerker sich hier ihre Brotzeit holen

⬆ Man hat sogar ein eigenes »Corporate Design«

Ansonsten ist den ganzen Tag Betrieb. Früh kommen die Handwerker und holen sich ihre Verpflegung, »des is scho manchmal knaggich«, wenn man allein im Laden steht; danach kommen die Schüler, gefolgt vom Kindergarten, dann die Hausfrauen, und »wenn hier im Ordd e Haus gebaud werd, des merge mir soford, doann stehn die Handwerger Schloange. Die müsse ned weid foarn, wir ham alles do, do konnsde auswähle.«

Keine Umsatzeinbrüche durch Corona-Lockdown

Und wie war es beim Lockdown zu Beginn der Corona-Zeit? Umsatzeinbrüche, berichtet Tanja Glaser, habe es – wie in den allermeisten kleinen Läden, die ich für dieses Buch hier besucht habe – in Eichenberg nicht gegeben, ganz im Gegenteil, »Corona had uns voll inde Kardde geschbield.« Einmal, sagt sie, sei zur Anfangszeit ein junger Mann gekommen, habe sich umgesehen und gesagt: »Ei, des gibbds ned, ihr hod Klobabier, ihr hod Mehl, ihr hod Nudel, ihr hod Hefe!«

Allerdings, erläutert Tanja, »mir soin halt a fers Klobabier fer zwo Euro fuffzeh e Stunn gefohrn un hons besoicht.«

Es gäbe noch viel zu berichten über diesen kleinen Laden. Über die »Schnabuliertaache« zum Beispiel, »wo mer die Sache so n bische anschneide, und man rumsteht und probiert, oft ah so im Herbst, wenn die Äpfel kommen, das macht einfach Spaß.« Auch für den Käse macht man so etwas, »do werd alles durchprowierd, ach emol enn Sekt uffgemoacht oddä ä Flasch Woi.«

Dann gibt's noch den Seniorentreff, zu dem der Gemeindebus die Senioren im Nachbarort Sailauf abholt, die werden dann hierhergefahren, acht Frauen meistens, die kaufen ein, stehen und sitzen zusammen zur Plauderrunde, da gibt's inzwischen »schon ne Waddelisde«. Mit Corona allerdings musste man das einstellen, dafür liefert man die Bestellungen jetzt aus. Mit einem Privatwagen.

Und wer nicht zahlen kann, wird aufgespießt

»Bei uns kommt's aufn Spieß, wemmer ned bezahle kann. Des kommd jedn Tach vor, dass einer sachd, ›oh, jetzt hab ich es Geld vergesse.‹ Des weiß auch a jeder, er wird dann uffgespießt.«

Das Wichtigste aber ist und bleibt: »Der Kunde musses Gefühl habe, dasser wichdich is.« Und oberster Grundsatz dabei: Es wird zwar gerne *mit*, doch »niemals *über* de Kunde geredet«. ◗

Bei
Feinkost Höhn
Der tägliche Kampf
ums Überleben
in Nürnberg

Die Wahrscheinlichkeit, dass man in den größeren Städten noch einen »Tante-Emma-Laden« findet, ist erstaunlicherweise größer, als auf dem Land auf einen zu treffen. Der *Maisch* in Fürth ➡ S. 30 ist ein Beispiel dafür, ich hatte in Bamberg direkt am Michelsberg eine *Tante Emma*, die ich besuchen und hier vorstellen wollte – ein Tipp meines Schriftstellerkollegen Thomas Kastura, selbst Urbamberger, der mir davon vorschwärmte –, mit einem Besuch dort aber hat es dann aus verschiedenen Gründen nicht geklappt; und in Nürnberg hatte ich sogar zwei auf der Liste: *Lebensmittel Hahn* in der Meuschel-straße, beim Ebert-Platz gleich ums Eck, und den *Feinkost Höhn*, um den es hier gehen wird.

Ich hätte hier ja gerne beide vorgestellt, aber das ging leider nicht. Was nicht an mir liegt, sondern am Hahn. Beziehungsweise an der Henne, also Frau Hahn. Und an der besonderen Befindlichkeit der Franken. Ich habe mir den Laden, er war mir empfohlen worden, an-gesehen, und war sofort von ihm eingenommen. Klein, breites Sorti-ment, Mittagstisch, Lieferservice in die Nachbarschaft und, und, und. Das Außen eine bessere Doppelgarage, das Innen aus einer anderen Zeit. Bunt und voller verzaubernder Düfte. Aber Herr Hahn, mit dem ich damals bei meinem Besuch sprach, war fränkisch skeptisch.

»A Buch?« Er tat, als dächte er kurz nach, was eigentlich schon Kopfschütteln bedeutet. »Ach, doh worn schommoll welche doh vo der Bresse.« Pause. »Des wor niggs Gscheids.« Und dann kam, typisch fränkisch und direkt, quasi ein glattes Nein: »Doh muss ich erschder-moll mid meiner Frah rehdn, des konn ihch ned so endscheidn.« Und die war natürlich gerade nicht da. Hieß, unmissverständlich: Du kannst dich schleichen, und weiteres Fragen ist zwecklos. »Sie können ja mal mit Ihrer Frau reden«, probierte ich es trotzdem noch einmal. »Ich ruf Sie in den nächsten Tagen mal an, okay?«

Brummelbrummel. Also »Loumermeirou«, auf Hochdeutsch: »Nee.«

Trotzdem – so einfach will man nicht aufgeben, also ruft man ein paar Tage später lieber doch noch mal an, man könnte sich ja getäuscht haben.

Hat man sich aber nicht. »Nah, mei Frah mohch des ned.« Entscheidungen trifft man nicht selbst, dafür sind andere zuständig, welche im Hintergrund, da ist leider nichts zu machen. So ist man aus dem Schneider, und direkter wird ein Franke selten. Ob denn die Frau zu sprechen sei? »Nah.« Punkt. Und Schluss.

Dann halt nicht. Und trotzdem: Der Laden ist allemal sehens- und besuchenswert, ich kann ihn jeder Freundin und jedem Freund kleiner Krämerläden nur wärmstens ans Herz legen. Denn hier findet man eine Welt, die es so eigentlich nicht mehr gibt –, und damit sind wir auch schon bei Ursula Höhn angelangt, offiziell *Feinkost Höhn*, in der Voltastraße, Ecke Franklinstraße, Südstadt, gleich hinterm Siemens.

Milchkannen im Motorrad-Seitenwagen

Die Geschichte dieses Ladens begann 1934 in der Franklinstraße, schräg gegenüber dem jetzigen Standort. Gründer war 1934 Ursulas Großvater – obwohl dieser ursprünglich andere Pläne gehabt hatte. Er stammte aus der Gegend von Burghaslach, war Abkömmling einer Mühle und eigentlich Konditor. Den Beruf hatte er notgedrungen erlernt, weil er nicht der älteste Sohn der Müllersfamilie war und damals dem Erstgeborenen das gesamte Erbe, also die Mühle, zustand. Der älteste Bruder aber war noch nicht aus dem Ersten Weltkrieg zurück; und hätte Ursulas Großvater damals das Erbe angetreten, hätte dies für die gesamte Familie bedeutet, offiziell den Tod des Bruders zu akzeptieren. Was nicht denkbar war. Dann eben Konditor.

Doch nach Abschluss der Lehre – als Konditor konnte man in den harten Zeiten nicht überleben – beschloss Ursulas Großvater, nach

Nürnberg zu gehen und es mit einem kleinen Milchladen zu probieren,

⬆ Allein schon das Frischeangebot hier ist riesig

denn Milch brauchten die Leute, im Gegensatz zu Kuchen und Torten, täglich. Diesen eröffnete er dann 1934 in der Franklinstraße.

»Der Großvater hat noch alles mit dem Motorrad eingekauft, am Milchhof und im Umland, mit einer *Triumph* mit Seitenwagen. Da standen dann die 25-Liter-Milchkannen drin.«

Die Zeit ging ins Land, man krebste so vor sich hin, und der Laden ernährte die Kleinfamilie mehr schlecht als recht, dann kam der Zweite Weltkrieg, der Großvater wurde eingezogen, und den kleinen Laden führten Frau und Sohn weiter – bis zu den Bombennächten, die alles in Schutt und Asche legten.

Als der Großvater nach Kriegsende zurückkam, kaufte er das Eckhaus gegenüber – eine Ruine, von der, wie von den meisten Gebäuden des Viertels, nur noch das Erdgeschoss stand. Aus den Bruchsteinen errichtete er zusammen mit seinem Sohn das jetzige Haus, mit dem Geschäft am Eck. Seither ist der Lebensmittelladen der Höhns in der Voltastraße. Ursula, 1967 geboren, ist dann zusammen mit ihrer großen Schwester und ihrer Zwillingsschwester »so in den Laden reingewachsen. Wir hatten ja bloß des.«

Zwei- bis dreimal die Woche
frisch vom Großmarkt geholt

Eigentlich wollte sie überhaupt nicht in den Laden, aber für Schule und Weiterbildung war schlicht kein Geld da. Also lernte sie bei den Eltern Einzelhandelskaufmann (das nannte sich damals auch für die Frauen so) und machte den Handelsfachwirt (dito). Dann aber brach sie doch noch aus, ging auf die Sprachenschule für Englisch – und anschließend wieder zurück in den Laden, ein Leben als Übersetzerin und Dolmetscherin konnte sie sich erst recht nicht vorstellen. 1999 kam ihr Sohn zur Welt – ihr Mann ist Sohn galizischer Eltern –, 2000 dann starb ihr Vater, die Mutter zog sich aus dem Laden zurück, und seither ist Ursula die Chefin. Den zur Zeit der Übernahme gefassten Plan, den Laden zu vergrößern, hat sie schnell aufgegeben. »Seither isses a täglicher Kampf ums Überleben, an Vergrößerung is da ned zu denken.«

»Corona war ein Segen für mich«

Der Kampf ums Überleben war auch sofort Thema bei meinem ersten Gespräch mit Ursula Höhn. »Wissns, hier kommen manchmal Leute rein, die wohnen scho seit sechs, acht Jahren im Viertel, und dann schaun sie sich überrascht um und sagen: ›Ich hab gar ned gwusst, dasses den Laden hier gibt.‹ Weil die Leute alles mit dem Auto fahrn, auch zum Einkaufen, und nimmer, so wie früher, auch mal im Viertel spazieren gehen …« Das war im Februar 2020. Kein Mensch dachte da an Corona.

»Aber«, sagt sie dann bei unserem zweiten Treffen Anfang Juni 2020, also mitten in der Corona-Zeit, »Corona war ein Segen für mich. Da ham die Leute plötzlich im Viertel eingekauft, weil sie ja nicht mehr rausdurften. Da ham sie mich dann entdeckt. Und auch schätzen gelernt.« Sie hatte seit Beginn der Pandemie als Nahversorger nicht einen einzigen Tag geschlossen. »Da ham manche Leute dann gesagt: ›Ach is des schö, dasses Sie gibt, hier kriegtmer ja alles.‹ Des hat dann schon gut getan. Und die meisten von denen kommen heute noch.«

Aber es gibt natürlich auch langjährige Stammkunden. »Ja, es gibt auch Kunden, die den Vater und sogar den Großvater noch gekannt haben«, sagt sie dann, »denn hier ist ja der Schuckert-Bauverein, die Häuser der Genossenschaft wurden alle nach dem Krieg gebaut. Die Leute ham beim Siemens gearbeitet und ham hier gelebt, das waren schöne Lebensgemeinschaften, die ham sich gegenseitig geholfen, auch später noch.«

Diese Gemeinschaft ist etwas, das Ursula heute ein bisschen vermisst. »Heute lebt ja im Viertel eher ein Vielvölkergemisch«, sagt sie, »und die Bevölkerungsgruppen leben halt eher alle so für sich, weniger miteinander, und das ist schade eigentlich.« Aber sie kommt gut aus mit dem »Vielvölkergemisch« und hat sich darauf eingestellt, das zeigt nicht zuletzt ein Blick auf den Zeitungs- und Zeitschriftenständer gleich am Eingang. Neben der *Bild*-Zeitung und der einschlägigen Regenbogenpresse finden sich hier auch russische Zeitungen, kroatische, serbische und einige andere.

In den letzten Jahren allerdings, sagt sie, sei vor allem der Studentenanteil gestiegen, das verändere die Einwohnerstruktur erneut, »und die kaufen auch hier ein.«

Einmal die Woche Mittagstisch

Überhaupt ist es im gesamten Laden sehr bunt und gemischt. Erfrischend anders als in den gängigen Supermärkten der großen Ketten. Eine Postfiliale ist integriert, vorm Weinregal hängen Geschenktüten zum Verkauf aus, Süßigkeiten wechseln sich ab mit Kaffee, Schokolade, Tee, Geranien – wie eigentlich überall Blumen zum Schmuck zwischen oder vor die Waren gestellt sind –, es gibt ein Brotregal, eine Wurst- und eine Käsetheke … und dann sind da noch die kleinen antiquarischen Einkaufswagen – fast zierlich, damit sie durch die engen Gänge passen. »Da muss ich jetzt mal neue Rollen drunter

⚑ Täglich das Neueste für die
Nationalitäten im Viertel

⚑ Die kleinen Wagen für den
Großeinkauf

⬆ In Ehren gehalten: Relikte aus alten Zeiten

machen bald, aber die bleiben da, die sind schon über fuchzich Jahre alt.«

Dann zeigt Ursula mir und dem Fotografen das Eröffnungsschild vom Großvater von 1934, das hat sie bis heute aufgehoben, und kramt einen Karton mit Rabattmarkenheften hervor. »April 1981« steht auf dem obersten, zusammen mit dem Namen des Kunden, der es damals eingelöst hat.

Und dann gibt es noch eine Besonderheit: Jeden Donnerstag kocht Ursula Höhn für die Kundschaft, dann gibt es hier warme Küche. »Letzthin gab's erst Blaue Zipfel, davor Serbisches Reisfleisch, und ich probier auch viel aus. Ich hab auch schon mal senegalesisch gekocht, auch weil ich Kunden aus dem Senegal hab.« Ob sie das Rezept von denen hatte? »Nee, die Rezepte nehm ich ausm Internet«, lacht sie, »ich koch immer so zwölf, fuffzehn Portionen, und wenn's schmeckt, geht's, wenn nicht, mach ich so lange rum, bis es schmeckt.«

6,99 Euro kostet dann so ein Mittagessen. Und bei den Portionen wird man auch satt.

Viel Lust am Probieren und Experimentieren

Beim Kochen wie im Sortiment zeigt sich auch Ursulas Lust am Experimentieren. »Ich versuch immer Sachen herzukriegen, die man ned überall so kriegt, ob's jetzt im Sortiment ist oder wenn ich irgendwas koch. Das macht mir das Leben hier auch so lebenswert. Weil man probieren kann und neugierig sein kann. Und weil die Welt, auch wenn man denkt, man kennt schon alles, doch immer wieder was Neues birgt.«

Dieses Experimentieren ist aber natürlich auch notwendige Geschäftsstrategie. »Ich muss kucken, dass ich Dinge hab, die es nicht überall gibt, weil das, was es überall gibt, kann man überall kaufen.« So führt sie zum Beispiel *Labertaler*-Mineralwasser, Biokäse von *Wirth* aus Schwabach, Wurstwaren der *Metzgerei Böhm* aus Feucht, Eier aus der Oberpfalz, das Gemüse holt sie zwei- bis dreimal die Woche vom Gemüsegroßmarkt und führt generell immer mehr in Bioqualität, »weil immer mehr Bio gefragt wird.«

Feinkost – und Nachbarschaftsmarkt

Feinkost Höhn steht zwar auf dem Ladenschild, Ursula versteht ihr Geschäft aber doch eher als Nachbarschaftsmarkt, auch wenn sie viele spezielle Waren führt. »Wer ausgefallene Sachen will, der kommt zu mir. Weil ich einkaufen kann, was die Leute wollen, Supermärkte können das nicht.« Und das schätzen die KundInnen aus der Nachbarschaft. Immer häufiger kommen sie in den Laden und haben spezielle Wünsche, die Ursula dann zu erfüllen versucht.

Und: »Ich liebe Exoten. Wann immer ich irgendwas Exotisches krieg, mach ich des gerne. Wann immer ich was find, was mir zusagt, dann nehm ich des und probier des aus.« So hat sie zum Beispiel seit Kurzem einen Ziegenkäse mit Lavendel und Thymian im Sortiment. »Ich bin da auch erst dran vorbeigrannt und dacht mer, schmeggd des?« Aber der Käse kommt gut an. »Weil ich lock auch meine Kunden, indem ich se probiern lass. Und manchmal isses n Griff ins Klo, und manchmal geht's halt.«

Auch sonst lässt sie sich vieles einfallen für die Nachbarschaft. Sie liefert aus, »wie es kommt oder gewünscht wird, mittags oder nach Geschäftsschluss«, sie stellt Geschenkkörbe zusammen, Obstkörbe

⬆ Man führt nicht umsonst »Feinkost« im Laden
⬅ Ob die heute noch alle verkauft werden?

und Käseplatten, ihr Service geht bis hin zum Catering, zu Weihnachten können die Kunden »Wild aus der Fränkischen, Geflügel oder Fisch, auch außergewöhnlichen« bestellen, und ab und zu hat sie sogar Wildschweinschäuferla im Angebot. Dazu gestaltet und druckt sie jede Woche einen Angebotszettel, Auflage 2 500 Stück, »die werden dann im Viertel verteilt. Da steht auch das Mittagessen mit drauf.«

Im Sommer aber, während der Schulferienzeit, schließt Ursula Höhn den Laden für viereinhalb Wochen – von denen dann jedoch höchstens zwei Wochen reiner Urlaub sind, den die Familie meist in Spanien bei den Eltern ihres Mannes verbringt. Die restliche Zeit geht für Renovierungsarbeiten und Reparaturen im Laden drauf – und dann wieder fürs Einkaufen vor der Wiedereröffnung, denn vor der sommerlichen Schließung ist Ausverkauf. ℗

Bei Emma und Elisabeth
Schunk in Engelthal

Die **Engel** von
Engelthal

»Wo stehn Sie denn? Ich bin edds vor dem Ladn und kann Sie ned sehng.«

Elisabeth Schunk ist am Apparat und wundert sich. Keine zwei Minuten zuvor habe ich sie angerufen und ihr gesagt, ich stünde jetzt, wie vereinbart, vorm Geschäft. Allgemeine Verwirrung, irgendwas kann hier nicht stimmen. Ein paar Fragen und Antworten später stellt sich heraus: Ich bin komplett verpeilt. Denn ich wollte, oh Gott wie peinlich, eigentlich gar nicht zu ihr und ihrem Laden, sondern zu einem ganz anderen – zu dem, vor dem ich nun stehe. Dieser ist vier Kilometer von Elisabeths Laden entfernt, in Offenhausen. Auch ein *SPAR*. Dort war ich, Wochen bevor der ganze Scheißdreck mit Corona losgegangen ist, habe mit dem Inhaber gesprochen und mit ihm vereinbart, irgendwann in der nächsten Zeit für unser Buch vorbeizuschauen.

Und jetzt erinnere ich mich: Auf dem Weg dorthin bin ich auch an dem kleinen *SPAR* in Engelthal vorbeigefahren und habe mir gedacht: Den solltest du dir ebenfalls einmal ansehen, vielleicht wäre der auch etwas für das Buch – verwarf den Gedanken aber gleich wieder, denn die beiden Läden liegen viel zu nah beieinander.

Und jetzt stehe ich vor »meinem«, also dem Offenhausener Laden, der aber hat geschlossen, Mittagspause, kein Mensch weit und breit, nur neugierige Nachbarn auf dem Balkon gegenüber. Den Termin aber habe ich, reine Verwechslung, Tage zuvor telefonisch nicht mit »meinem« *SPAR*, sondern mit dem in Engelthal vereinbart. Schade für ersteren, der auch ein sehr schöner Krämerladen ist, gut

◀ Zu Besuch in Engelthal – wenn die Emma lacht,
geht die Sonne auf

für letzteren. Den Grund für die Verwechslung haben wir dann auch schnell gefunden: Beide Orte haben dieselbe Vorwahl, und wenn man dann unter *SPAR* nachschaut und die Nummer sucht, kann das schon mal passieren.

Egal, dann also nach Engelthal. »Ich bin in fünf Minuten bei Ihnen«, sage ich, nachdem das nun geklärt ist, und fahre schnell hinüber. Nein, ich fahre *langsam*, denn die Landschaft hier ist viel zu schön. Hügeliges Land wie gemalt, Dörfer hineingeschmiegt in die Täler zwischen Wiesen, Äcker und Wälder, Fachwerk überall, und die Düfte von Landwirtschaft durchziehen die Luft.

So komme ich schließlich zu Emma Schunk und ihrer Tochter Elisabeth, die mich entsprechend lachend empfangen. Und mir auch gleich ein Buch vorlegen, *Mahlzeit, Deutschland* (*dpunkt.verlag*, 2013), in dem ihr kleiner Laden schon einmal vom Hersbrucker Fotografen Thomas Geiger präsentiert wurde.

Am Eck seit 1954

»Viererfuchzich hommer do aufgmachd«, sagt Seniorchefin Emma – sie heißt tatsächlich so –, »als ... Momend amoll, do mussi erschd ... als Stadtring, des wor vo Närmberch, dann wormer moll VeGe, hommer ah scho ghabd, allerhand, aber immer da herin, ned glenner und ned gräißer worrn.« Sie lacht. Die alten Handelsketten, *Stadtring, VeGe, Vivo, Konsum* und wie sie alle hießen, sind längst vergessen.

»Die Einrichdung is neinzeahunnerdsechzich neikummer«, erklärt Tochter Elisabeth, die den Laden heute führt. Gegründet wurde das kleine Geschäft als *Gemischtwarenhandlung Schunk* durch Vater Albert, Emmas Ehemann, »des wor der Rädelsführer.« Damals war man der vierte Laden am Ort, »und da worn scho manche vo die andern Besitzer weng sauer, wall vier Lädn, naja. Domols wormer die leddsdn, die dazukummer senn, und edds semmer ah die leddsdn, wo nu do senn.«

Kurz darauf entschuldigt sich Seniorchefin Emma, sie sei »ned ohzohng« mit ihrer Kittelschürze – wobei ich jede Wette eingehen würde, dass dies und nichts anderes ihre tagtägliche Bekleidung ist –, und sie hätte »sowieso nix« zu sagen. »Also ich gäi edds, ich hob mei Schbrüchla gsachd.« Eine lustige Frau mit lachenden Augen, die bei Weitem nicht wirkt wie über achtzig.

Die Verpflichtung gegenüber
den Stammkunden

Juniorchefin Elisabeth ist im Laden in ihrem Element, das sieht man ihr an. Fröhlichkeit pur. Sie, im Jahr 1960 als jüngste von drei Geschwistern geboren, hätte eigentlich, das sei ihr Kindheitstraum gewesen, wie sie mir gesteht, gern Lehrerin werden wollen. Aber da war zu der Zeit damals nicht dran zu denken. »Mir ham uns alle fümf vo dem Ladn ernährt, also in ›Armut‹ dädmer heut sohng. Wall so vill hadds dann ned abgworfm. 's had glangd, aber mehr ned, songmeramollso.«

Umso mehr freut sie sich, dass ihre beiden Söhne – ihr Mann ist als Landschaftsgärtner selbstständig – Lehrer geworden sind. Sie selbst hat Einzelhandelskaufmann gelernt, so hieß das damals auch für die Frauen.

Aber heute geht es besser? Elisabeth lacht. Mit so einem Laden könne man natürlich keine Rücklagen bilden. »Es gäid hald immer su auf, aber Rügglagn? Naa. Und edds binni sechzich, wos willin ah nu machn? Es is hald nemmer zeidgemäß, es is ah nemmer gewolld.«

Keine Frage also, sie führt den Laden gern, aber sie macht sich keine Illusionen, sieht die Dinge nicht verklärt. Es ist eigentlich auch

⬆ Passend zur Größe des Ladens: der Zwerg am Fenster

⬆ Gleich neben dem Eingang stand früher ein Tischchen ..., S. 198

nicht *ihr* Laden, der gehört nach wie vor Mutter Emma, auch wenn sich diese – bei der Abrechnung und den Bestellungen hilft sie nach wie vor –, seit sie achtzig ist, aus dem Geschäft weitgehend zurückgezogen hat. Tochter Elisabeth ist bis heute nur geringfügig angestellt. »IHK, Berufsgenossenschaft, Versicherungen und so, des is alles vom Laden gedeckt«, sagt sie, »aber die Schmerzgrenze ist, wenni moll briwades Geld neischusdern muss. Dann höri auf.« Der Laden »brummt« also nicht, das höre ich aus dem Gesagten heraus.

Warum sie den Laden dann überhaupt noch macht? »Na ja«, antwortet Elisabeth, »erschdamoll ... ich versuch hald alles den Leudn so zuzuschneidn. Aber ich mou scho rödeln.« Und dann sagt sie etwas sehr Schönes: dass sie den Laden auch aus Pflichtgefühl gegenüber den alten, treuen Kunden weiterführe, »die so über Jahre kommer senn und uns am Leben ghaldn ham.« Die Kundschaft, heißt das, besteht überwiegend aus der älteren Generation. »Däi kummer zu Fuß, auch mit dem Gehwächerla.« Junge jedoch kämen wenig nach, selbst die nicht, »wo in der Nachberschafd wohner.« Auch nicht welche im mittleren Alter.

⬆ Früher hingen hier noch Salamis und Geräuchertes hinterm Tresen

Es kommt nur wenig jüngere
Kundschaft nach

Dass viele Menschen in den kleinen Krämerläden nicht oder nur sporadisch einkaufen, hat – das ist der Ad-hoc-Gedanke, den ich im Gespräch zur Diskussion stelle – möglicherweise damit zu tun, dass für viele der eigene Vorteil (»Geiz ist geil«, »Ich bin doch nicht blöd«, »Mein Haus, mein Auto …«) oberste Priorität hat. Man sieht Läden generell als Privatsache der Inhaber, die primären Treiber für die Einkaufsentscheidung sind Bequemlichkeit und Preis, gepaart mit einer gehörigen Portion Gedankenlosigkeit. Oder kurzfristigem Denken. Man »nimmt die kleinen Läden gerne mit«, ihren Zauber, ihre Atmosphäre, ihre Langsam- und Gemütlichkeit, aber wenn die Milch irgendwo anders zwei Cent billiger ist, kauft man sie da. Keine Frage. Und wenn man dort vor der Haustür parken kann, erst recht. Ich meine damit, wohl gemerkt, nicht finanziell schlechter (oder schlecht) Gestellte, aber alle anderen müssen sich die Frage gefallen lassen, warum sie wo einkaufen. Schrauben, Holz, Lebensmittel, alles. Das »moderne Einkaufsverhalten« macht meist sehr wenige Menschen 197

Gleich neben dem Eingang
stand früher ein Tisch.
»Früher war da immer a
alder Herr, der had si an des
Dischla hiegschdelld und
hod ahne grauchd,
fasd jedn Doch is der kummer.
Aber kafft hoder niggs.
Der hod si bloß aufgwärmd,
wall bei dem ist erschd
ummer fümfer am Ohmd
eigschürd worn.«

⬆ Bei Elisabeth Schunk noch tagtäglich in Betrieb:
ein vielerorts längst vergessenes Auszeichnungssystem

sehr reich, vor Ort aber auch viel kaputt … Ach, gäb's dazu viel zu sagen, aber ich brems mich schon wieder ein.

Elisabeth Schunk nickt nachdenklich und gibt mir in Teilen recht. Manche kämen, sagt sie, mit Sprüchen an wie: »Oh, edds habbi vergessn, a Budder aufzumdaun, hasd du anne?« oder »Edds wori in Herschbrugg eikahfm, ober ich hob die Sahne vergessn. Hosd du nu anne?«

Ich selber, muss ich gestehen, empfinde so etwas als schamlos, Elisabeth hat dabei ein ganz anderes Gefühl: »Also ich empfind des so als … erniedrigend, des moui scho sohng. Wall die wenn reikämerdn und socherdn, ›ich griech an Becher Sahne‹, no wär des für mich in Oddnung. Aber so, des machd mi scho weng draurich, oder enttäuscht is mer. Ober des werd immer krasser, des Verhaldn.«

Es schadet nichts, einmal darüber nachzudenken – auch über das, was Elisabeth dann noch anfügt: »Da gibts vill, däi song, ›schee, dass du do bisd‹, aber däi kummer ah ned zum Eikahfn. Manchmoll dengi, ich bin do am Ausbludn – aber des is ja aso, wenn ich amoll nemmer do bin, dann schreiers alle ›Des gehd doch ned, mir braung doch an 199

Lodn!‹, und dann gründns an Dorflodn – wo's doch die ganze Zeid an Lodn ghabd hamm. Ner wenns ner hieganger wärn …«

Durch Corona ein kurzes Zwischenhoch

Wie wertvoll so ein kleiner Laden vor Ort sein kann, zeigt sich erst in Ausnahmezeiten, etwa während des Lockdowns bei Corona. »Aber edds durch däi Pandemie, also den Virus, die sechs Wochn, do wor des wirglich wie a Renner. Die Leud worn dahamm, ah däi Kinner, däi ham ned essn geh könner, ham selber kochd.«

Da haben hier plötzlich ganz neue Leute für den täglichen Bedarf eingekauft, Elisabeth hat während dieser Zeit nicht einen Tag zugehabt. »Aber des brichd ah scho wieder alles wech.«

Überleben mit Brot und Brötchen

Der Verkaufsraum ist wirklich klein, aber es ist alles da, die Regale sind gut gefüllt. Obst, Gemüse, Konserven, Bier, Wein, Gewürze, Zeitungen, Brot und Brötchen. Die Backwaren beziehen Emma und Elisabeth von der *Bäckerei Laurer* aus Thalheim bei Happurg; jeweils Donnerstag und Samstag werden Semmeln jeglicher Art, süße Teile, Kuchen etc. angeliefert.

»Samstag isses deshalb unglaublich voll, und des häld mich eddserdla noch über Wasser«, sagt Elisabeth, und dann lacht sie schon wieder. »Ich hobbermoll gsachd, ich bin ned aufm Hund kommen, ich bin auf die Brödchen kommen.«

Große Teile des Sortiments bezieht sie von *Igros*, einem Großhändler aus Bad Neustadt an der Saale, ohne den viele der kleinen Läden keine Überlebenschance hätten. Muss auch einmal gesagt werden. Die Milchprodukte liefert *Göritz* aus Abensberg, Früchte der Großhändler *Zitzmann* aus Altensittenbach, viel Gemüse kommt aus dem Knoblauchsland – das gesamte Angebot ist, soweit es geht, regional verankert.

Knöpfe, Garne, Hosenträger …

Natürlich stöbere ich auch in den Schubladen der alten Schränke, aus denen mich die Reste der Vergangenheit anlachen. Knöpfe finden

↟ Wäscheknöpfe – braucht die heute noch jemand? Hier gibt es sie jedenfalls

sich hier, Garne, alles noch da. Kauft aber keiner mehr. Auch Strick-
nadeln und Taschentücher, Hosenträger, Strapsgummis. »Des hobbi
hald so drinner glassn.«

Inzwischen hat sich auch wieder Seniorchefin Emma mit dazu-
gesellt, sieht, wie ich in den Schubladen wühle, und erzählt: »Ja, Wolle gabs viel do, frühers, auch Underwäsche, Stoff als Meterware für
Arbeitskittel, Laken und so. Wir hatten ja vill Schneiderinnen am Ort«,
die schneiderten daraus Arbeitskleidung, Bettwäsche und Ähnliches,
»aber heud werd ja nedermoll mehr wos gschdobbfd.« Sie schüttelt
den Kopf. »Heud wern ja Hosn kaffd, die wo scho Löcher hom, und
fräiers hodmer do gsachd ›hod der a schlamberde Mudder odera
schlamberde Frah‹.«

Manches gibt es nicht – aus Prinzip

Eingebaut ins Regaleck steht eine wunderschöne alte Kaffeemühle.
»Fräiers gab's sehr vill Kaffee, vier, fümf verschiedne Sorddn.« Das gebe es heute nicht mehr, »des kauft kahner mehr. Heud wollns alle die
Pads, ober däi dui ned rei, des mochi ned. Auch Red Bull und so Zeuch
ned, nah.«

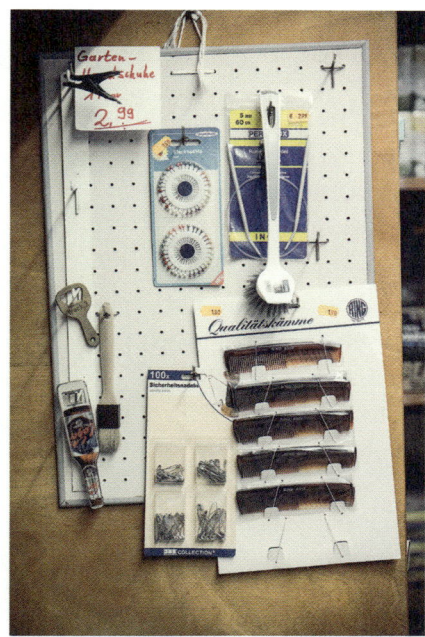

↑ Wo man hinsieht, durchaus brauchbare Relikte aus alter Zeit
← Manchmal blühen hier noch Plausch und Tratsch –
und gegenüber der Klatschmohn

Warum das *SPAR*-Schild noch draußen an der Fassade hängt, will ich zum Abschluss von Elisabeth wissen, denn *SPAR* existiert in Deutschland in der Form ja schon seit etlichen Jahren nicht mehr. Und erfahre: Das Schild durften sie dranlassen, »weils noch ein kleiner Laden is, des ghörd zum Museum mit dazu.«

Ihr Reich, ihr kleines »Museum« aber hegt und pflegt sie mit Herzblut und Hingabe. Nur als sich die Mutter damals aus dem Geschäft zurückzog, hat Elisabeth die Öffnungszeiten geändert. Jetzt hat sie nur noch Montag und Dienstag von 7.30 bis 12 Uhr geöffnet, donnerstags ebenso, mittwochs ist geschlossen, an den Freitagen hat sie zusätzlich zum Vormittag von 14.30 bis 18 Uhr auf und samstags von 7 bis 12 Uhr. »Der Umsatz ist dadurch ned gravierend wenicher gworrn. Des war a kurze Umstellungsphase, dann hat sichs geregelt.«

Wie gerne sie den Laden macht und wie sehr sie an ihm hängt, zeigt eine Bemerkung, die sie zwischendurch einmal mit leichter Wehmut in der Stimme eingestreut hat: »Ich bin hald die, die moll zumachn muss ...« Denn einen Nachfolger gibt es nicht. ℙ

Adressen

1 **Brigitte Auch**
Hauptstr. 12
97258 Oberickelsheim
☎ 0 93 39 / 2 90

2 **Lebensmittel und Getränke**
Maisch | Marika Maisch
Hirschenstr. 46
90762 Fürth
☎ 09 11 / 77 27 11

3 **Metzgerbräu Hausbrauerei**
Reichert | Manfred Reichert
Stublanger Str. 2
96231 Bad Staffelstein, Uetzing
☎ 0 95 73 / 63 04
➤ metzgerbraeu.com

4 **Lebensmittel Dehn**
Inge & Hans Dehn
Nürnberger Str. 15
91413 Neustadt an der Aisch
☎ 0 91 61 / 35 53

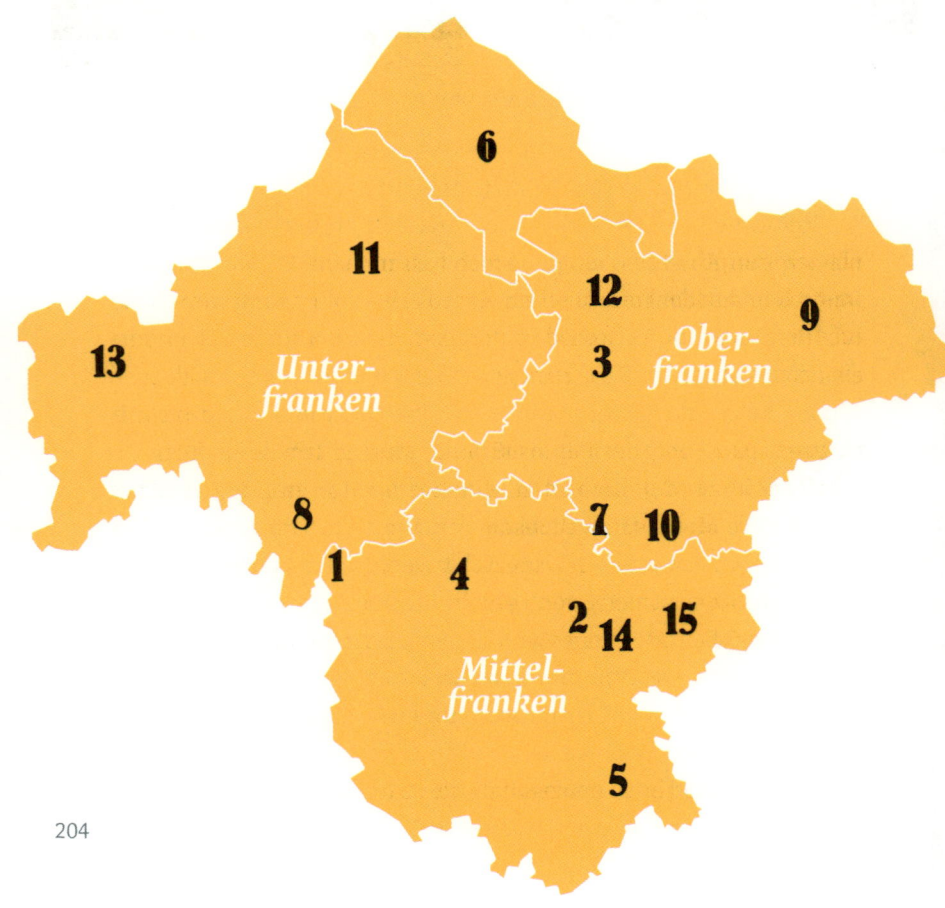

5 Bäckerei Schmidtkunz
Holger Schmidtkunz
Eysölden M 5
91177 Thalmässing
☎ 0 91 73 / 6 34
➤ baeckerei-schmidtkunz.de

6 Handel und Tanken Mäbendorf | Simone & Mario Gießler
Hauptstr. 44
98529 Suhl, Mäbendorf
☎ 0 36 81 / 72 24 14
➤ tankegiessler.de

7 Bäckerei Merkel
Bernhard Merkel
Oberer Bühl 1
91090 Effeltrich
☎ 0 91 33 / 26 53

8 Kauftreff Ums Eck |
Irene Eggers
Hauptstr. 2
97286 Sommerhausen
☎ 0 93 33 / 90 38 18

9 Dorflädla Köhn
Dorfplatz 3
95176 Konradsreuth, Ahornberg
☎ 0 92 92 / 2 42

10 Lebensmittel Armin Wölfel |
Armin Wölfel
Marktplatz 17
91322 Gräfenberg
☎ 0 91 92 / 2 39

11 Dorfladen Unsleben
Dorfladenverein e. V.
Schlossgasse 1
97618 Unsleben
☎ 0 97 73 / 2 28

12 Bäckerei Carl
Kirchstr. 7
96237 Großgarnstadt, Ebersdorf
☎ 0 95 62 / 21 69

13 Dorfladen Eichenberg
UG Dorfladen Eichenberg
Hauptstr. 2a
63877 Sailauf, Eichenberg
☎ 0 60 24 / 6 37 22 34
➤ dorfladen-eichenberg.de

14 Feinkost Höhn |
Ursula Höhn
Voltastr. 48
90459 Nürnberg
☎ 09 11 / 44 94 08
➤ feinkost-hoehn.de

15 Lebensmittel Emma Schunk
Hauptstr. 44
91238 Engelthal
☎ 0 91 58 / 4 98

Tommie Goerz lebt als Schriftsteller in Erlangen. Bekanntheit erlangte er vor allem mit seiner Reihe um den Nürnberger Kommissar Friedo Behütuns und seinem Kriminalroman *Meier*. Bei ars vivendi liegt außerdem *Auf dem Keller* vor, eine Würdigung der fränkischen Bierkellerkultur, sowie das zusammen mit Walther Appelt entstandene literarische Sachbuch *In fränkischen Wirtshäusern* (2019).

Walther Appelt ist hauptberuflich als Industriefotograf tätig. Schon seit Jahren beschäftigt er sich zudem – unter anderem in Form seiner Bilder – intensiv mit den Traditionen seiner Heimat, insbesondere mit historischen Trachten. Er ist Leiter des Arbeitskreises »Männertracht« des *Fränkische-Schweiz-Vereins* und lebt in Marloffstein.

Impressum
Bei der Realisierung dieses Buches ließen wir größtmögliche Sorgfalt
walten. Falls dennoch Informationen falsch oder inzwischen überholt
sein sollten, bedauern wir dies, können aber auf keinen Fall eine Haf-
tung übernehmen. Korrekturvorschläge und Anmerkungen an:
info@arsvivendiverlag.de

1. Auflage November 2020
© 2020 by ars vivendi verlag GmbH & Co. KG
Bauhof 1, 90556 Cadolzburg
Alle Rechte vorbehalten
www.arsvivendi.com

Gestaltung: Annalena Weber – Buchdesign
Druck: Pustet, Regensburg

Umschlagabbildung: *Maisch*, Fürth © Walther Appelt
S. 1: *Auch*, Oberickelsheim © Walther Appelt
Autorenfoto, S. 207: © Jocki Krieg, Erlangen

Printed in Germany
ISBN 978-3-7472-0199-2